年金改革の基礎知識

石崎 浩

信山社

はしがき

　年金制度は，国民の暮らしの安心を支える重要な柱である。にもかかわらず，近年は逆に大きな心配の種になっている。

　国民年金保険料を多くの人が納めない空洞化問題，後に生まれた人ほど不利になる世代間格差，旧社会保険庁のずさんな業務が引き起こした年金記録問題，さらにはサラリーマン世帯の専業主婦が保険料納付を求められないことの不公平感——。若い世代を中心に，年金不信が広がっている。

　だが，「国民皆年金」の理想を掲げる日本の年金制度は，先人たちから受け継いだ，世界に誇るべき財産である。何としても制度を立て直し，将来の世代にできるだけ健全な形で引き継ぐ責任を私たちは負っている。

　本書は，今後の年金改革について議論する上で必要な基礎知識を提供することを目的としている。第1部では，日本の年金制度が抱える様々な問題について概観する。第2部では，各方面から提言されている改革案を類型化し，それぞれにどのような長所と短所があり，今後の改革はどう進めるべきなのかを考えてみたい。

　本書は，著者が信山社から2012年2月に上梓した『公的年金制度の再構築』の内容の一部を取り出して，大幅に加筆修正を加えたものである。前著は年金改革の望ましいあり方について法学の立場から考察した研究書だが，本書は法学的な議論のかなりの部分を割愛し，より一般向けの内容とすることを心がけた。

はしがき

　ささやかな前著が世に出てわずか2年ほどの間に，年金改革をめぐる状況は大きく変化した。民主党から自民党に政権が交代し，消費税率を10％に引き上げる改正消費税法が成立した。短時間労働者に対する厚生年金の適用拡大，年金生活者支援給付金の支給などの法改正が実現した。本書ではこうした最近の動きについても説明するとともに，支給開始年齢の引き上げ論，企業年金，年金課税に関する問題などについて新たに書き加えた。

　年金制度の問題点は多岐にわたる。本書で触れることができたのは，そのごく一部に過ぎない。それでも，年金改革の議論を理解する上で，少しでも参考になれば幸いである。

　本書に記した見解は著者個人のものであり，著者が在籍する読売新聞社の見解ではないことを申し添える。

　前著に引き続き，中央大学の角田邦重名誉教授と山田省三教授からご指導を受け，信山社の稲葉文子さんには大変お世話になった。深い感謝の意をここに表したい。

　2014年3月

石　崎　　浩

目　次

はしがき

序　日本の年金制度 …………………………… 1

1. 3階建ての構造 ……………………………… 1
2. 給付の種類 …………………………………… 5

第1部　年金制度の諸問題

第1章　空洞化問題 ……………………………… 10

1. 国 民 年 金 …………………………………… 10
   (1) 空洞化とは (10)　(2) 未納の実態 (11)
   (3) 未納の定義 (13)　(4) 未納の悪影響 (15)
2. 厚 生 年 金 …………………………………… 17

第2章　低年金・無年金 ………………………… 19

1. 低年金・無年金の実態 …………………………… 19
   (1) なぜ生じるか (19)　(2) 年金額の分布 (21)
   (3) 無年金の人数 (22)
2. 政府の対応 …………………………………… 23
   (1) 後納制度 (23)　(2) 受給資格期間の短縮 (23)　(3) 年金生活者支援給付金 (25)
3. 生活保護との関係 ……………………………… 26

目　次

　　　　(1)　生活保護の法的性格（26）　(2)　憲法 25 条との関係（27）

第 3 章　世代間格差 …………………………………… 30

　1　格差の実態 ……………………………………… 30
　　(1)　厚生労働省の試算（30）　(2)　試算の問題点（32）
　2　格差の評価 ……………………………………… 33
　　(1)　格差が生じた理由（33）　(2)　どう評価すべきか（34）

第 4 章　マクロ経済スライドと経済前提 …………… 36

　1　給付水準引き下げ ……………………………… 36
　　(1)　問題の所在（36）　(2)　2004 年改正（37）
　　(3)　改革の背景（41）　(4)　2009 年の財政検証（42）　(5)　2014 年の財政検証（47）
　2　積立金の運用 …………………………………… 47
　　(1)　これまでの運用実績（47）　(2)　基本ポートフォリオの修正（50）

第 5 章　支給開始年齢 ………………………………… 51

　1　引き上げ論とその背景 ………………………… 51
　　(1)　なぜ主張されるか（51）　(2)　諸外国の動向（52）
　2　政府の対応 ……………………………………… 54

　　　　　　　　　　　　　　　　　　　　　目　　次

　　　(1) 厚労省案（54）　(2) 今後の課題（55）

第6章　非正規労働者の年金 …………………………… 57

　1　厚生年金の適用拡大 ………………………………… 57
　　　(1) 現　状（57）　(2) 「週20時間以上」への
　　　拡大（59）
　2　適用拡大をめぐる論点 ……………………………… 60
　　　2(1) 主な賛成論と反対論（60）　(2) 逆転現象
　　　（60）
　3　改革の経緯と今後 …………………………………… 63

第7章　官民格差是正と既裁定年金の給付引き下げ … 65

　1　一元化法の内容 ……………………………………… 65
　2　給付減額 ……………………………………………… 67
　3　憲法29条との関係 …………………………………… 69

第8章　女性と年金 ………………………………………… 71

　Ⅰ　女性の年金問題とは ………………………………… 71
　Ⅱ　第3号被保険者制度 ………………………………… 72
　1　現 行 制 度 …………………………………………… 72
　　　(1) 1985年改正（72）　(2) 創設の背景（73）
　2　3号制度をめぐる議論 ……………………………… 75
　　　(1) 賛否の主な意見（75）　(2) 「女性と年金検
　　　討会」案（77）
　3　政府の対応 …………………………………………… 81

vii

目　次

　　　　　(1) 2004年改正（*81*）　(2) その後の動き（*82*）
　Ⅲ　モデル世帯……………………………………………… *83*
　　1　厚労省の想定 ………………………………………… *83*
　　　　(1) 現行モデル（*83*）　(2) これまでの経緯（*85*）
　　2　見直しの議論 ………………………………………… *86*
　　　　(1) 女性と年金検討会（*86*）　(2) 給付水準との関係（*86*）
　　3　厚生労働省の対応 …………………………………… *88*
　Ⅳ　遺族年金………………………………………………… *91*
　　1　遺族年金をめぐる状況 ……………………………… *91*
　　2　改革の経緯 …………………………………………… *92*
　　　　(1) 「掛け捨て」問題（*92*）　(2) 「女性と年金検討会」案（*94*）　(3) 2004年改正（*95*）　(4) 遺族基礎年金の男女格差是正（*96*）
　　3　残された課題 ………………………………………… *96*
　Ⅴ　離婚時の年金分割 ……………………………………… *98*
　　1　制度導入の理由 ……………………………………… *98*
　　2　2004年改正 ………………………………………… *100*
　　　　(1) 合意分割（*100*）　(2) 3号分割（*101*）
　　　　(3) 制度の利用状況（*102*）　(4) 2つの制度ができた理由（*103*）
　Ⅵ　育児期間への配慮 ……………………………………… *105*
　　1　支援の必要性 ………………………………………… *105*
　　2　これまでの対策 ……………………………………… *107*
　　　　(1) 保険料免除（*107*）　(2) 改正の背景（*108*）
　　3　今後の課題 …………………………………………… *109*

目　　次

　　(1)　過去の改正の問題点 (*109*)　　(2)　改革の選
　　択肢 (*110*)

第 9 章　在職老齢年金 …………………………………… *111*

　　1　現行制度 ………………………………………………… *111*
　　2　過去の改正 ……………………………………………… *112*
　　3　今後の課題 ……………………………………………… *114*

第 10 章　年 金 課 税 ……………………………………… *115*

　　1　何が問題か ……………………………………………… *115*
　　2　現 行 制 度 ……………………………………………… *115*
　　(1)　公的年金等控除 (*115*)　　(2)　遺族年金の非
　　課税 (*118*)　　(3)　低所得者対策 (*119*)
　　3　政府の対応 ……………………………………………… *121*

第 11 章　年金記録問題 …………………………………… *123*

　　1　未統合記録の解明状況 ………………………………… *123*
　　2　記録問題の原因と背景 ………………………………… *125*
　　(1)　原　　因 (*125*)　　(2)　背　　景 (*125*)
　　3　今後の対応 ……………………………………………… *129*

第 12 章　適格退職年金の廃止と厚生年金基金 ……… *130*

　　1　適格退職年金の廃止 …………………………………… *130*
　　(1)　企業年金の種類 (*130*)　　(2)　適格退職年金
　　(*130*)

ix

目　次

　2　財政悪化の基金解散 …………………………………… *132*
　　(1)　厚生年金基金とは（*132*)　　(2)　解散を促す制度改正（*134*)　　(3)　今後の課題（*135*)

第2部　公的年金改革案の類型

第13章　3つの類型 ………………………………………… *138*

Ⅰ　各類型の特徴 ……………………………………………… *138*
Ⅱ　社会保険方式 ……………………………………………… *140*
　1　社会保険方式とは ……………………………………… *140*
　2　年金部会案 ……………………………………………… *141*
　　(1)　低年金・低所得者に対する年金給付の見直し（*142*)　　(2)　受給資格期間の見直し（*151*)　　(3)　納付可能期間の延長（*152*)　　(4)　国民年金の適用年齢の見直し（*153*)　　(5)　パート労働者に対する厚生年金の適用拡大（*154*)　　(6)　育児期間中の保険料免除（*154*)　　(7)　在職老齢年金の見直し（*155*)　　(8)　標準報酬月額の上限の見直し（*156*)
　3　社会保険方式への批判 ………………………………… *157*
Ⅲ　基礎年金の全額税方式 …………………………………… *158*
　1　税方式とは ……………………………………………… *158*
　　(1)　主張の背景（*158*)　　(2)　積立方式論（*159*)
　2　超党派議員案 …………………………………………… *160*
　　(1)　改革案の内容（*160*)　　(2)　税方式への移行

　　　　方法（163）　　(3)　必要財源の試算（164）　　(4)
　　　　社会保険方式との比較（167）　　(5)　家計への影
　　　　響（168）
　　3　税方式への批判 ………………………………………… 169
　IV　所得比例年金＋最低保障年金 ……………………………… 170
　　1　スウェーデン方式とは ………………………………… 170
　　2　社会経済生産性本部「年金研究会」案 ……………… 171
　　3　スウェーデンの制度 …………………………………… 172
　　　　(1)　改革の背景（172）　　(2)　制度の骨格（173）
　　4　民　主　党　案 ………………………………………… 176
　　　　(1)　マニフェスト（176）　　(2)　民主党「試案」
　　　　（178）

第14章　望ましい改革の方向性 …………………………… 188
　1　3類型の評価 …………………………………………… 188
　2　社会保険方式 …………………………………………… 189
　　　　(1)　利　　点（189）　　(2)　負担と給付の対応関
　　　　係（190）　　(3)　年金部会案の問題点（192）
　　　　(4)　より望ましい改革案（192）
　3　税　方　式 ……………………………………………… 197
　　　　(1)　長所と短所（197）　　(2)　弱い権利性（198）
　　　　(3)　未納をどう考えるか（199）　　(4)　積立方式
　　　　について（199）
　4　所得比例年金＋最低保障年金 ………………………… 200
　　　　(1)　スウェーデン方式の利点（200）　　(2)　問

xi

目　次
　　　　題　点（202）
　　5　結　論 ……………………………………… 203

※本書に記した年金額，保険料などは原則として発行時点のものであり，実際の金額は毎年改定される。

序　日本の年金制度

　最初に，日本の年金制度がどんな姿をしているのか，ごく基本的なところを見ていきたい。

❶ 3階建ての構造

　年金制度は，3階建ての建物に例えることができる。
　図表1に示したように，土台となる1階部分には，国内に住む20歳以上60歳未満のすべての人が加入を義務づけられている国民年金（基礎年金）がある。民間企業の従業員が加入する厚生年金，公務員や私立学校教職員の共済年金は，その上に乗った形になっている。

(1) 国民年金

　会社員の中には，「自分は国民年金に加入していない」と思っている人が少なくない。実際，「国民年金」という名称は，しばしば自営業者や無職，短時間労働者など，月約1万5,000円の国民年金保険料の支払いを義務づけられている人たち（第1号被保険者）が加入する部分だけを指して使われる。これは，公的年金の1985年改正で「基礎年金」としての国民年金が導入されるまで，自営業者

第1部　序　日本の年金制度

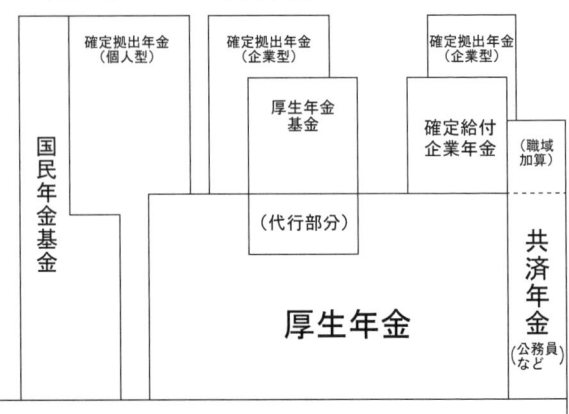

〈図表1〉　日本の年金制度

	確定拠出年金 (個人型)	確定拠出年金 (企業型)		確定拠出年金 (企業型)	
		厚生年金 基金		確定給付 企業年金	(職域 加算)
国民年金基金		(代行部分)			共済年金 (公務員) など
		厚生年金			

国 民 年 金 （ 基 礎 年 金 ）

サラリーマンの 被扶養配偶者 ＊国民年金の 第3号被保険者	自営業者など ＊国民年金の 第1号被保険者	被用者(サラリーマン) ＊国民年金の第2号被保険者 ＝厚生年金の被保険者など
960万人	1,864万人	3,913万人

←——————— 6,737万人 ———————→

※2013年3月末

出典：厚生労働省資料

　などの国民年金が，厚生年金や共済年金と完全に別個の制度だったことの名残りでもある。

　だが，現在の厚生年金や共済年金の加入者は，特別な手続きをしなくても，自動的に国民年金の加入者（第2号被保険者）になっている。65歳以降に1階部分の老齢基礎年金を受給するための保険

料は，給与から天引きされる厚生年金保険料，共済年金保険料（掛金）に含まれている。また，これら第2号被保険者に扶養される配偶者で，20歳以上60歳未満，年収130万円未満の人は第3号被保険者とされ，自分で個別に保険料を納めなくても，65歳以降に老齢基礎年金を受け取れる。

　老齢基礎年金の給付額は，公的年金に加入した長さに応じて決まり，40年加入すると満額で月約6万4,000円となる。だが，保険料負担は，これまで見てきたように第1号，第2号，第3号のそれぞれで異なる。特に第2号被保険者については，自分が納めた厚生年金や共済年金の保険料のうち，基礎年金分にいくら回されたかが明示されていない。保険料負担の面から見ると，1階と2階の区分は不明確なのである。本書ではさしあたり国民年金を1階部分と説明しているが，本当に独立した1階部分なのかどうかは議論の余地がある。

(2) 厚生年金

　2階部分に当たる厚生年金と共済年金は，2012年に成立した被用者年金一元化法で，2015年10月以降は統合され，今は共済年金に加入している公務員も厚生年金の加入者となることが決まっている。現在は共済年金のほうが低い保険料率についても，公務員は18年，私立学校教職員は27年に，厚生年金と同じ18.3％（労使折半）に統一されることになっている。

　厚生年金も共済年金も，受給額は加入した期間が長く，その間の賃金が多かった人ほど多くなる。平均的な会社員の老齢厚生年金は月10万円程度が標準とされる。公務員にはこのほかに平均月2万

円程度の「職域加算」がつくが，この加算も廃止され，企業年金に準じた代わりの制度が設けられることが決まった。

(3) 企業年金

1，2階が「公的年金」と呼ばれるのに対して，3階は企業が独自の判断で設ける企業年金（私的年金）である。

厚生労働省所管の企業年金には，①企業が積立金の運用に責任を負う「確定給付企業年金」，②従業員が自分で選んだ運用方法によって年金額が変わる「確定拠出年金（企業型）」，③国に代わって厚生年金保険料の一部を運用し，老後に支給する代行部分を持つ「厚生年金基金」——の3種類がある。このほか「適格退職年金」が中小企業を中心に普及していたが，財政のチェックが甘く受給権保護が不十分という問題があったため，2012年3月末で廃止された。

以上の制度はいずれも，掛け金に課税されないなど税制上の優遇が講じられている。このほかに企業によっては特定の法制度的な根拠に基づかず，税制優遇も受けられない独自の自社年金を設けていることもある。

自営業者など公的年金の2階部分を持たない人（第1号被保険者）向けには，国の年金制度として任意加入の「国民年金基金」と「確定拠出年金（個人型）」が設けられている。

❷ 給付の種類

(1) 老齢年金

公的年金には，老齢年金，障害年金，遺族年金という3種類の給付がある。国民年金（給付の名称は「基礎年金」），厚生年金，共済年金のそれぞれに，この3種類の給付が設けられている（**図表2**）。

年金と聞いて，まず頭に浮かぶのは「老齢年金」（共済年金は「退職年金」）である。本書でも給付としての「年金」という言葉は，特に断りがない場合，主に老齢年金という意味で使う。

老齢年金は何歳まで生きても，一生の間支払われる。インフレがあっても，物価スライドで年金が増額される（ただし「マクロ経済スライド」によって，当面は物価上昇率ほどには年金額が増えない状態が続く。この点は後述）。

もし公的年金がなければ，年を取ってからの生活費は自分で若いころから貯蓄するか，あるいは子供からの仕送りなどに頼らざるを得なくなる。しかし，自分が何歳まで生きるかの予測は難しいし，一生の間にはインフレなど経済情勢の大きな変動がありえることか

〈図表2〉 年金給付の種類

	基礎年金	厚生年金	共済年金
老齢の給付	老齢基礎年金	老齢厚生年金	退職共済年金
障害の給付	障害基礎年金	障害厚生年金	障害共済年金
遺族の給付	遺族基礎年金	遺族厚生年金	遺族共済年金

第1部　序　日本の年金制度

ら，貯蓄だけで老後に備えるのは簡単ではない。子供の数が減り，核家族化も進んでいる中で，子供による扶養に頼るのもあまり現実的とはいえない。公的年金は高齢者世帯の所得の約7割を占めており[1]，国民の暮らしになくてはならない制度となっている。

老齢基礎年金は40年加入の満額で年約77万円，老齢厚生年金は年120万円程度が標準とされている。

(2) 障害年金

公的年金には，老齢以外のリスクに備える役割もある。

障害年金は，病気やけがで一定程度の障害を負った場合に受け取れる。

このうち障害基礎年金は，公的年金加入者が障害を負った場合に生活の基礎的な費用を保障する役割を負っており，金額は1級で年約97万円，2級は年約77万円が基本額とされている。ただし，保険料が未納だと受給できないことがある（保険料納付要件）。20歳以上の学生は，申請すれば保険料の納付を猶予される制度があり(学生納付特例制度)，この手続をすることによって，在学中に生涯を負って無年金障害者となることを防ぐことが可能になる。保険料を納められない場合は，ぜひこの制度を利用した。

厚生年金の加入者が一定の障害を負った場合には，障害厚生年金を受給できる。障害厚生年金は老齢厚生年金と同様，厚生年金に加入していた長さと，その間の賃金水準に応じて金額が決まる。1〜3級と，さらに程度が軽い場合の一時金がある。厚生年金に加入して間もない人が障害を負った場合でも，25年加入していたと見なし

---

[1]　国民生活基礎調査

て金額が算定される。障害基礎年金と同様の保険料納付要件がある。

　厚生年金の加入者は自動的に国民年金にも加入しているので，障害1，2級であれば，障害基礎年金と障害厚生年金の両方を受給できる。

(3) 遺族年金

　遺族年金は，公的年金の加入者や受給者が亡くなった場合，遺族の生活を保障するために支給される。

　遺族基礎年金は国民年金の加入者（第1号被保険者，第2号被保険者）などが亡くなった場合に，生計を維持されていた「子のいる配偶者」または「子」に支給される。ここで「子」とは，18歳になった年度の3月末までが対象となる（一定以上の障害者は20歳未満が対象）。これは高校卒業まで支援するという趣旨である。ただし，亡くなった人の保険料未納期間が長い場合には支給されないこともある（保険料納付要件）。

　年金額は年約77万円で，子の人数に応じた加算がつく。加算額は第1子と第2子が各約22万円，第3子以降は各約7万円である。

　なお，これまでは女性が亡くなっても，残された父子家庭は遺族基礎年金の支給対象とならなかった。だが2012年に成立したいわゆる「年金機能強化法」で，2014年4月からは，子のいる「妻」という要件が「配偶者」に改められ，それ以降に遺族になった父子家庭にも支給される。

　遺族厚生年金は，厚生年金に加入中の第2号被保険者などが死亡した場合に，生計を維持されていた遺族に支給される。遺族は，①配偶者または子，②父母，③孫，④祖父母の順で優先順位が定められている。遺族厚生年金を夫，父母，祖父母が受給する場合には，

第1部　序　日本の年金制度

遺族になった時点で55歳以上であることが条件で，支給開始は60歳からとなる。30歳未満で子のない妻は，5年間で給付を打ち切られる。子のいる配偶者または子には，遺族基礎年金も併給される（夫への支給は，被保険者が2014年4月以降に亡くなった場合）。

　遺族厚生年金を受給するためには，亡くなった人が遺族基礎年金と同様の保険料納付要件を満たしていた必要がある。年金額は，亡くなった本人がそれまでの加入で受け取れたはずの老齢厚生年金（報酬比例部分）の4分の3となる。加入期間が25年未満で亡くなった場合は，25年加入したと見なして計算される。

　※公的年金の受給について，ここでは原則的な扱いを示したが，実際には様々な条件が設けられていて例外もある。詳しくは日本年金機構ホームページ，年金事務所の窓口，各共済組合などで確認してほしい。

第1部
年金制度の諸問題

> 第1部では，今の年金制度がどんな問題点を抱えているのかについて，個別に見ていきたい。

第1部　第1章　空洞化問題

第1章　空洞化問題

❶　国民年金

(1)　空洞化とは

　日本に住む20歳以上60歳未満のすべての人は，公的年金への加入を法律で義務づけられている。このうち，民間企業の従業員や公務員など（国民年金の第2号被保険者）は，年金保険料を給与から強制的に天引きされるので，徴収を逃れることは基本的にできない。しかし，自営業者や農家，無職の人など（国民年金の第1号被保険者）は，月額約1万5,000円の国民年金保険料を自主納付する仕組みなので，保険料を払わない人が目立つ。これが「国民年金の空洞化」と呼ばれる問題である。

　厚生労働省の調査によると，2012年度中に納付された現年度分の保険料納付率は，過去最低だった前年度を0.3％上回ったものの，まだ59.0％にとどまっている（**図表3**）。

　国民年金保険料は原則として過去2年さかのぼって徴収することが可能だが，このうち当該年度中に徴収された保険料の納付率（この統計では，2012年度中に納付された2012年度分の保険料）が「現年度保険料」の納付率である。徴収が2年目にずれ込んだ分を合わせ

1 国民年金

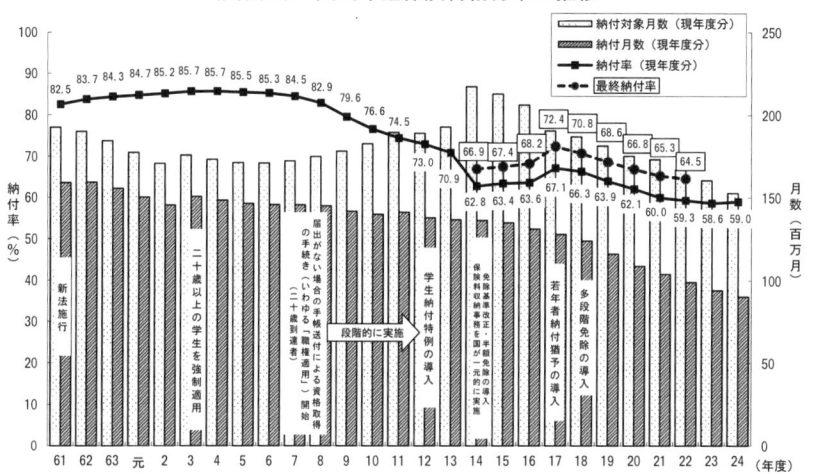

〈図表3〉 国民年金保険料納付率の推移

（注）保険料は過去2年分の納付が可能であり，最終納付率とは，過年度に納付されたものを加えた納付率である。

出典：厚生労働省年金局・日本年金機構「平成24年度の国民年金保険料の納付状況と今後の取組等について」

た最終納付率も，64.5％（2010年度分）に過ぎない。

なお，誤解されやすいが，納付率は「保険料を納めた人の割合」とは異なり，次のように計算される。

$$\left(\begin{array}{c}\text{実際に納付された}\\\text{保険料の月数}\end{array}\right) \div \left(\begin{array}{c}\text{本来納められるべき}\\\text{保険料の月数}\end{array}\right) \times 100$$

2012年度（現年度）の場合，実際に納付された保険料の月数は9,010万月，本来納められるべき保険料の月数は1億5,274万月だった。

(2) 未納の実態

2012年度の現年度分の保険料納付率を5歳刻みの年齢別に見ると，

第 1 部　第 1 章　空洞化問題

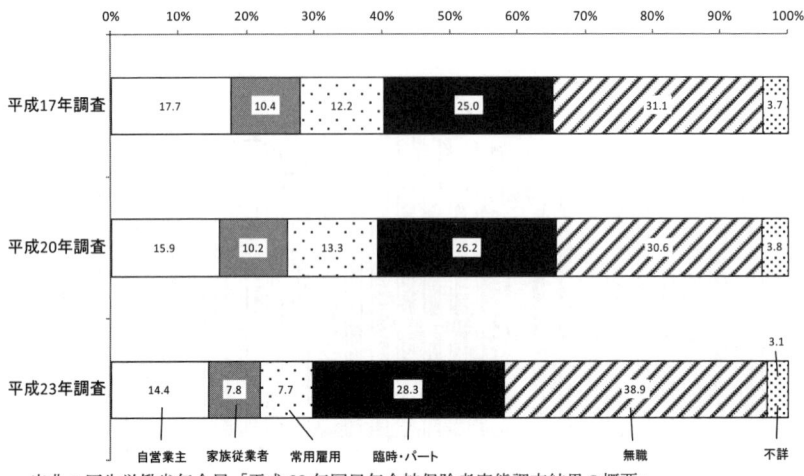

〈図表 4〉　就業状況の推移

調査	自営業主	家族従業者	常用雇用	臨時・パート	無職	不詳
平成17年調査	17.7	10.4	12.2	25.0	31.1	3.7
平成20年調査	15.9	10.2	13.3	26.2	30.6	3.8
平成23年調査	14.4	7.8	7.7	28.3	38.9	3.1

出典：厚生労働省年金局「平成 23 年国民年金被保険者実態調査結果の概要」

最も低いのは 25〜29 歳の 46.8 %，最も高いのは 55〜59 歳の 72.2%で，若い世代の納付率の低さが際だっている。

さらに，別の調査によると，本来であれば自営業者や無職を対象とするはずの国民年金の第 1 号被保険者の中に，「常用雇用」「臨時・パート」などの被用者が計 36.0％も含まれ，自営業者とその家族の割合（22.2％）を上回っている（**図表 4**）。そして，こうした「常用雇用」「臨時・パート」のほうが，未納の割合が高い（**図表 5**）。

非正規雇用の増加などによって，厚生年金の対象から漏れた被用者が増えている。その人たちの老後の所得保障が不十分になるだけでなく，空洞化を加速させている点でも深刻な問題だといえる。

次に，世帯の総所得金額別に見ると，所得が高い層ほど納付する割合も高い傾向がある。だが，年間所得 1,000 万円以上でも保険料

1 国民年金

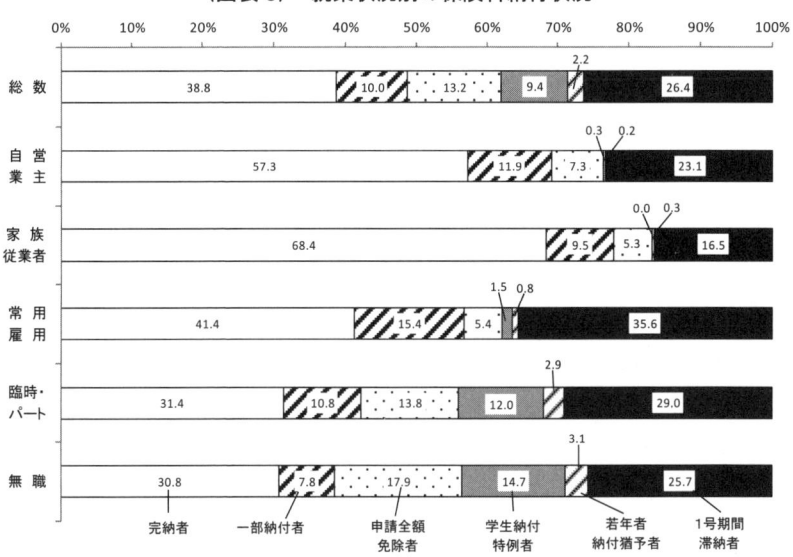

〈図表5〉 就業状況別の保険料納付状況

区分	完納者	一部納付者	申請全額免除者	学生納付特例者	若年者納付猶予者	1号期間滞納者
総数	38.8	10.0	13.2	9.4	2.2	26.4
自営業主	57.3	11.9	7.3	0.3	0.2	23.1
家族従業者	68.4	9.5	5.3	0.0	0.3	16.5
常用雇用	41.4	15.4	5.4	1.5	0.8	35.6
臨時・パート	31.4	10.8	13.8	12.0	2.9	29.0
無職	30.8	7.8	17.9	14.7	3.1	25.7

出典：厚生労働省年金局「平成23年国民年金被保険者実態調査結果の概要」

を払わない者が10.5%いる。さらに，保険料を納めない人にその理由を尋ねると，世帯年間所得500万円未満では7～8割が「保険料が高く，経済的に支払うのが困難」と答えているが，世帯年間所得1,000万円以上でも55.8%が同じ選択肢を挙げている。こうした経済的理由を挙げた回答をどこまで真に受けてよいかは疑問である。むしろ，未納の背後に年金制度への不信感があると考えたほうがよいかもしれない。このことを裏付けるように，保険料を納めない人の約半数が自分で民間の生命保険か個人年金に加入している。

(3) 未納の定義

ここまで空洞化の実態を国民年金保険料の「納付率」で見てきた

第 1 部　第 1 章　空洞化問題

が，納付率の定義は先に触れたように「実際に納付された保険料の月数÷本来納められるべき保険料の月数×100」であり，未納者の人数を表すものではない。未納者の人数について，厚生労働省は全国で 296 万人（2012 年度末）という数字を公表している。ここで未納者とは，「過去 24 カ月の保険料がすべて未納となっている者」である。この定義だと，1 カ月分でも保険料を納めていれば，あとの 23 か月が未納でも，未納者には該当しないことになる。これでは，未納の実態を正確に表しているとは言い難い。

　一方，データはやや古いが，会計検査院は 2004 年 10 月，未納者が 2003 年度時点で全国に約 1,000 万人いるという調査結果を公表した[1]。ここでの未納者とは，過去 2 年間に 1 カ月でも未納期間がある者である。定義をこのように変えると，未納者数は厚生労働省発表の約 3 倍となる。

　なお，厚労省は未納者とは別に，本来は第 1 号被保険者の対象でありながら，制度そのものに加入していない未加入者が 9 万人いるとしている。旧社会保険庁は 1995 年度から，20 歳になっても自分で資格取得の届け出を行わない人に対して年金手帳を郵送し，職権で制度の適用を行うようになった。このため未加入者数はしだいに減少しつつあるものの，それでも未納者とともに，空洞化問題の一部ととらえることができる。

　このほか，低所得による保険料全額免除などを受けている人が 587 万人（2012 年度末）いるが，これは制度上想定されている合法的な存在であるため，空洞化問題の一部と考えることは無理がある。

　いずれにせよ空洞化は非常に深刻であり，未納者を会計検査院の

───────────

[1]　2004 年 10 月 10 日付読売新聞朝刊

ように定義すれば，第1号被保険者（約1864万人）のうち2人に1人が未納者ということになる。

だが，厚生労働省は，「未納・未加入は公的年金加入対象者全体の5％程度にとどまっている」と強調している[2]。過去2年間に1か月でも保険料を払っていれば未納者数から除外し，さらに第1号被保険者だけでなく公的年金全体の中での割合を計算すれば，それは確かにその通りである（**図表6**）。とは言え，こうした説明は，空洞化の深刻さを意図的に小さく見せようとしているのではないかと疑われても仕方ないのではないか。

〈図表6〉 公的年金加入者の状況（2012年度末）

6,746万人				
公的年金加入者 6,737万人				
第1号被保険者 1,864万人			第2号被保険者等 3,913万人	第3号被保険者 960万人
免除者 373万人 学特・猶予者 214万人	保険料納付者	厚生年金保険 3,472万人	共済組合 441万人	

未納者 296万人
未加入者 9万人 ｝305万人

出典：厚生労働省年金局・日本年金機構「平成24年度の国民年金保険料の納付状況と今後の取組等について」

(4) 未納の悪影響

厚生労働省は「現在の未納者の増加が，公的年金の財政を大きく揺るがし，制度を崩壊させるという状況にはない」とも繰り返し説明している[3]。未納者が増えれば保険料収入が落ち込むが，将来そ

---

(2) 厚生労働省年金局［2001］「公的年金制度に関する考え方（第2版）」など
(3) 同・前掲註(2)

第1部　第1章　空洞化問題

の期間に対応する年金を支給しないため，さほど大きな影響はないというのがその論拠で，2009年の公的年金財政検証では試算結果も発表した。

それによると，現在は80%への回復を見込んでいる国民年金保険料の納付率が60%にとどまった場合，厚生年金の将来の最終的な所得代替率（その時点での現役世代男性の平均的賃金水準と比べた，厚生年金モデル世帯の受給額の割合）は，財政検証の予測値である50.1%より1ポイント程度下がるだけで，48.9～49.1%を確保できるとしている。年金財政への影響は無視できないとはいえ，空洞化が直ちには財政破綻に結びつかないことは確かである。

ただ，未納の増加が将来の低年金・無年金につながり，生活保護を受給する高齢者が多数生じることが予想される。生活保護は国と自治体が税財源でまかなっており，増税などの形で将来世代に負担がのしかかる可能性が高い。未納者が障害を負い，障害基礎年金を受け取れなくなる事態も起きている。また，そもそも国民の支えあいの制度に参加しない人が多数にのぼることは，不公平感の原因となり，年金制度への信頼を大きく損なっていると言えるだろう。

厚生労働省はこれまで，保険料をコンビニエンスストアやクレジットカードで払えるようにしたり，口座振替の利用者に対する割引制度を導入したり，2005年度ころからは未納者に対する差し押さえを本格的に行うなどの対策をとったが，納付率の低下に歯止めをかけるには至っていない。その過程で，2006年には社会保険事務所（現在は年金事務所）が低所得者に対する免除手続を本人に無断で行い，徴収対象となる保険料を少なくして見かけ上は納付率を高くする「不正免除」問題が発覚した。さらに，2007年に年金記録問題が表面化して以来，現場ではこの問題への対応に人手を取ら

れ，保険料徴収が後回しにされる傾向が目立っている。このように，空洞化問題に有効な対策を打ち出せないことが，基礎年金の財源をすべて税でまかなう税方式に転換すべきだという議論が出てくる背景になっている。

❷ 厚生年金

　制度の空洞化は国民年金だけでなく，厚生年金でも深刻になっている。厚生年金は原則として，法人の全事業所と，従業員5人以上の個人事業所に適用が義務づけられている。ところが，実際には会社を設立しても厚生年金の適用を受けなかったり，いったん適用を受けた事業所が「休業した」と偽って届け出たりというやり方で，制度の適用を逃れる例が後を絶たない。日本年金機構が未加入の疑いがあるとして把握している事業所数は，2013年3月末現在で38万7840事業所にのぼっている。厚生年金と加入対象がほぼ共通する雇用保険の加入事業所データとの突き合わせなどによって把握した数字だが，不正な適用逃れをすべて把握できているかどうかは疑問である。

　事業所の適用逃れによって，本来は厚生年金の適用を受けるべき従業員が自営業者と同じ国民年金の第1号被保険者となる例が多数生じており，老後の所得保障が不十分になることが懸念されている。きちんと保険料を納めている事業所との間で不公平だという意味でも，問題は大きい。

　厚生労働省と日本年金機構は，事業所への加入勧奨を民間委託で

第1部 第1章 空洞化問題

効率化するなど一応の対策は取っているものの,厚生年金の空洞化に有効な解決策を打ち出すことができていない。厚生年金の保険料率は今後,18.3%まで引き上げられることになっており,事業所にとっては適用逃れの誘因がさらに強まることから,空洞化の一層の深刻化が懸念されている。

第2章 低年金・無年金

❶ 低年金・無年金の実態

(1) なぜ生じるか

　高齢者の中には，年金で老後の基礎的な費用ををまかなえない人が多数存在する。こうした低年金・無年金者の発生をどう防ぐか，すでに生じた低年金・無年金者への救済策をどうするかが，年金改革の大きな課題になっている。

　低年金・無年金は，終身雇用の会社員についてはあまり問題にならず，国民年金の第1号被保険者だった期間が長い人，あるいは1986年3月以前にサラリーマン世帯の専業主婦だった人などに多い。以下は基礎年金について考えていきたい。

　基礎年金の受給額は，保険料免除を受けた場合などを除けば，公的年金の加入期間に比例する。現行の年金額は40年加入の満額で年約77万円。加入1年当たりの年金額は約2万円となる。また，公的年金はこれまで，原則として通算で25年以上加入することが受給の要件とされてきた（2012年の法改正で，10年への短縮が2015年10月から施行される予定。後述）。従って，保険料未納や制度への

第1部　第2章　低年金・無年金

未加入が，低年金・無年金の最も大きな原因である。

　他には次のような理由が考えられる。まず，いわゆる「カラ期間」（合算対象期間）の存在である。カラ期間とは，受給資格を得るための原則25年の受給資格期間の計算には含まれるが，年金額の計算には算入されない期間のことで，代表的なものとして，サラリーマン世帯の専業主婦が1986年3月以前，国民年金に任意加入していなかった期間などがある。

　現行制度で第3号被保険者となる専業主婦は，1986年3月以前は国民年金への加入義務がなかった。実際には約7割が保険料を納めて任意加入していたが，加入していなかった人の場合，その期間は年金額に反映しない。「カラ期間」の扱いになるため，無年金を免れても年金額は低くなる。

　また，被保険者期間に保険料免除を受けた期間が含まれている人も，そのぶんだけ年金額が少なくなる。2009年3月以前の加入期間については，保険料の全額免除を受けた期間分の年金額は通常の3分の1となる。4分の3免除を受けた期間は2分の1，半額免除を受けた期間は3分の2，4分の1免除を受けた期間は6分の5となる[4]。低所得者の保険料負担を軽減する目的で設けられた保険料免除制度が，構造的に低年金者を生み出す結果となっているのである。

　このほか，繰り上げ受給制度も低年金の原因となる。基礎年金の受給年齢は原則65歳だが，希望すれば60歳以降，減額された年

---

[4] 2009年4月以降の加入期間については，基礎年金の国庫負担割合が2分の1に引き上げられたことに伴って給付割合が高くなり，たとえば全額免除を受けた場合の年金額は通常の2分の1となった。

1 低年金・無年金の実態

金を受給することができる。5年間前倒しして60歳で受け取り始めた場合の減額率は，1941年4月1日以前生まれだと42%，同年4月2日以降生まれだと30%である。

(2) 年金額の分布

以上のような理由から，現実に基礎年金の満額を受給している人は少数派である。老齢基礎年金の受給者全体の年金額の分布（2013年3月末現在）を見ると，**図表7**の通り，平均額は月5万4783円となっている。

〈図表7〉 基礎年金受給額の分布

（2012年度末現在）

年金月額	総数 計	男子	女子	（再掲）基礎のみ・旧国年 計	男子	女子
合　　計	人 27,781,567	人 12,121,499	人 15,660,068	人 8,044,326	人 1,890,918	人 6,153,408
万円以上～万円未満1	101,995	11,636	90,359	50,037	1,680	48,357
1～2	360,136	59,049	301,087	141,936	12,227	129,709
2～3	1,101,648	211,877	889,771	539,261	59,151	480,110
3～4	3,474,351	768,991	2,705,360	1,904,374	316,534	1,587,840
4～5	3,949,076	1,109,742	2,839,334	1,327,347	291,627	1,035,720
5～6	5,514,977	2,120,530	3,394,447	1,450,083	312,834	1,137,249
6～7	11,792,228	7,469,581	4,322,647	2,107,076	778,746	1,328,330
7～	1,487,156	370,093	1,117,063	524,212	118,119	406,093
平均年金月額	円 54,783	円 59,111	円 51,433	円 49,947	円 54,775	円 48,464

注.「基礎のみ・旧国年」とは、厚生年金保険の受給権がない老齢基礎年金受給権者と旧法国民年金の受給権者をいう。
出典：厚生労働省「平成24年度厚生年金保険・国民年金事業の概況」

また，厚生年金や共済年金を受給せず基礎年金だけを受給している人，つまり現役世代のころずっと自営業者や専業主婦だった人に限れば，平均額は4万9,947円とさらに低い（**図表7**の「基礎のみ・

旧国年」欄)。男女別では男性 (5 万 4,775 円) と比べて女性 (4 万 8,464 円) が低く, 女性の約 1 割は月 3 万円未満しか受け取っていない。

(3) 無年金の人数

次に, 保険料未納などで原則 25 年の受給資格期間を満たすことができず, 老後に公的年金を受け取れない無年金者の状況を見ていきたい。

データはやや古いが, 旧社会保険庁は 2007 年 4 月 1 日現在で, 公的年金の無年金者が全国に 118 万人いるという推計結果を公表した。国民年金は最長で 70 歳になるまで任意加入できるが, この制度を利用しても受給資格期間を満たすことができない人数である。内訳を見ると, すでに基礎年金の標準的な受給年齢である 65 歳以上になっている人が 42 万人いる。60〜64 歳は 31 万人, 60 歳未満は 45 万人である。65 歳以上の大半は生活保護受給者と見られる。

低年金・無年金者は, 国民年金の空洞化で将来さらに増える可能性がある。また, 2004 年の年金改革で導入されたマクロ経済スライドは基礎年金にも適用されるため, 特に基礎年金だけしか受給していない人の生活は, 給付水準の低下で一層厳しくなることが懸念される (マクロ経済スライドについては第 4 章参照)。こうした問題が, 基礎年金の税方式化論, あるいは税を財源とする最低保障年金を設けるべきだという意見が出てくる背景にもなっている。

❷ 政府の対応

(1) 後納制度

政府は2012年10月から3年間の時限措置として，国民年金保険料をさかのぼって納付できる期間を従来の2年から10年に延長している。2年間の徴収時効が過ぎても，当時の保険料額と加算金を支払えば，受給資格期間と年金額の計算上，通常の納付と同じ扱いとされるという内容である。厚労省の試算によると，10年への延長で追納が可能になる対象者は最大1,710万人で，内訳は将来無年金にならずに済む人が最大40万人，年金受給の時期が早まる人が最大70万人，年金額を増やすことができる人が最大1,600万人である。ただ，実際の利用者は多くても対象者全体の約1割に当たる約170万人程度にとどまると見込まれている。このため低年金・無年金を防ぐ効果は限定的であり，むしろ「納めるのが遅れても後で救済される」というモラルハザードが広がる懸念もあるなど，問題の根本的な解決にはつながらないと思われる。

(2) 受給資格期間の短縮

2012年8月に成立したいわゆる「年金機能強化法」で，現行の受給資格期間「25年」を15年10月から「10年」に短縮することが決まった。厚生労働省は，65歳以上の無年金者（2007年4月時点で約42万人）のうち約4割は保険料を10年以上納めていると見ており，こうした人たちが直ちに受給できるようになる。基礎年金の給付費が増えることに伴う国庫負担増には，消費税率の10%への

第 1 部　第 2 章　低年金・無年金

引き上げで新規に得られる税収の一部が充てられる。税率 10% への増税が見送られた場合，受給資格期間の短縮も実現しない。

　諸外国の例を見ると，米国では受給資格期間が 10 年，ドイツは 5 年とされ，英国，フランスでは受給資格期間が設けられていない。日本の 25 年が先進国の中で最も長い部類に属することも，短縮が決まった理由の一つである。

　だが，そもそも公的年金に受給資格期間が設けられているのは，低年金を防ぐことが目的である。基礎年金が創設された公的年金の 1985 年改正時に厚生省年金局長だった吉原健二氏は，受給資格期間の趣旨について「社会保険の仕組みをとる限り，老齢年金については一定期間の拠出要件は当然であるし，またあまり短期の拠出要件では老後の生活の保障たりうる相応の年金をだすことができない。20 歳から 60 歳までの約 40 年という期間のなかでの 25 年以上という基礎年金の拠出要件は，決して無理なものではない」と述べている[5]。

　実際，受給資格期間を 10 年に短縮しても，それだけでは低年金の高齢者が増えるに過ぎない。現行の基礎年金は 40 年加入の満額で月約 6 万 4,000 円であり，加入期間が 25 年だと，その 40 分の 25 に当たる約 4 万円となる。10 年加入だと，受給額は満額の 40 分の 10 に当たる約 1 万 6,000 円に過ぎないのである。

　また，現行制度には加入者が受給資格期間を満たすことができるように，様々な配慮措置が講じられている。たとえば，低所得者が保険料免除を受けた期間のほか，「カラ期間」（サラリーマン世帯の専業主婦が 1986 年 3 月以前に任意加入しなかった期間，外国に住んでい

---

(5)　吉原健二編著 [1987]『新年金法』全国社会保険協会連合会 63 頁

た期間など）も「25年」の計算に含まれる。国民年金には60歳を過ぎても最長で70歳になるまで任意加入できる制度が設けられている。このため，現行制度でも無年金になるのは，20歳から60歳になるまでの40年間のうち，15年超の未納期間がある場合に，ほぼ限られる。受給資格期間を短縮することにより，さらに長期間の未納期間のある人が救済されることになるため，モラルハザードを助長しかねない面もある。これまでの「25年」というハードルは，保険料未納を防ぐ上で一定の効果を上げていた。期間の短縮で納付率に悪影響が及ぶ可能性が指摘されている。

(3) 年金生活者支援給付金

社会保障・税一体改革ではこのほか，年金額が少ない低所得の高齢者向けに「年金生活者支援給付金」を支給する法律が2015年10月に施行される予定になっている。政府・与党内では当初，公的年金制度の枠内で基礎年金に加算することが検討されたが，保険料納付と給付が対応するという社会保険制度の長所をできるだけ損なわないようにという配慮から，公的年金とは別枠の福祉給付という位置づけになった。

支給の対象は，家族全員が住民税非課税で，前年の年金収入とその他所得の合計額が，老齢基礎年金の満額以下の年金受給者。金額は保険料の納付や免除の実績で決まる。具体的には，納付期間に応じて最大で月5,000円（40年納付の場合）を支給し，さらに免除期間がある人については，その期間に応じて最大で基礎年金満額の6分の1を上乗せする。給付の対象は約500万人と見込まれている。このほかに，対象から外れた人のほうが受給者より収入が低くなる逆転現象を防ぐために，対象外となる人の一部（約100万人）にも

補足的な給付を行う。

財源は当面，年5,600億円と見込まれ，消費税率の10％への引き上げによって確保する。従って，消費税率の引き上げが予定通り行われない場合には，給付金も支給されない。

当初案では低所得者の基礎年金に一律6,000円を加算することになっていたが，保険料を意図的に納めなかった人にも給付されるという問題があるため，上記の内容に落ち着いた。

年金と別枠の制度ではあるが，給付の業務は日本年金機構が行い，年金と同じく2か月ごとに支給される。このため，実質的には年金への加算に近い制度であり，社会保険の特質である負担と給付の対応関係を損なう面がある。さらに，低所得者対策であるにもかかわらず無年金者は対象外である一方，多額の預貯金などを持っていても給付を受けることができるという問題もある。

❸ 生活保護との関係

(1) 生活保護の法的性格

公的年金は，国民が自助努力で老後に備える仕組みであり，若いころから保険料を支払い，その実績に応じて受給額が決まることが基本になっている。一方，生活保護の財源はすべて税で，年金のような自助努力の制度ではなく，救貧の性格を持っている。本来は趣旨が異なる制度だが，特に基礎年金は満額でも生活保護の基準額を下回る場合があり，加入者の保険料納付意欲が低下する一因になっている。

3 生活保護との関係

　生活保護は憲法25条の理念にもとづき，国が生活に困窮するすべての国民に対し，その困窮の程度に応じて必要な保護を行い，その最低限度の生活を保障するとともに自立を助長することが制度の目的である（生活保護法1条）。対象は高齢者に限定されない。生活に困窮する人が，その利用しうる資産，能力その他あらゆるものを最低限度の生活の維持のために活用しても，足りない部分だけが支給される（同4条）。年金以外に収入がない人の場合，給付されるのは基準額と年金の差額の部分である。貯蓄などの資産があるかどうか，扶養義務のある親族がいるかどうかなどについての調査も厳格に行われる。基礎年金が他に所得があるかどうかにかかわりなく，現役時代の保険料納付実績に基づいて給付されるのとは対照的である。

　生活保護のうち生活扶助の基準額は，住む場所，世帯構成，年齢などによって異なるが，たとえば東京都区部（1級地－1）に住む単身の65歳では月約8万円である。生活保護基準は2013年度から段階的な引き下げが進みつつあるが，それでも基礎年金の満額である月約6万4,000円をかなり上回っている。しかも，基礎年金は満額を受給できない高齢者が多く，無年金者もいることはすでに見た通りである。従って，基礎年金額がその地域の生活扶助基準額を下回る受給者は，全国に多数存在していると思われる。

(2) 憲法25条との関係

　こうした状態は，生存権を規定する憲法25条との関係ではどう考えるべきであろうか。

　25条は1項で，「すべて国民は，健康で文化的な最低限度の生活を営む権利を有する」，2項で「国は，すべての生活部面について，

社会福祉，社会保障及び公衆衛生の向上及び増進に努めなければならない」とそれぞれ規定する。

だが，基礎年金額が生活扶助基準を下回ったとしても，直ちに25条違反だと言うのは難しいと思われる。1項の「健康で文化的な最低限度の生活」とは極めて抽象的・相対的な概念であり，年金や生活保護など社会保障給付の水準をどのように設定するかは，立法府・行政府の広い裁量に委ねられている，というのが判例の立場である。さらに，学説上も，最低生活が年金だけでなく，生活保護を始めとする社会保障など法制度全体によって保障されればよいという見解が有力である[6]。

基礎年金の水準は高いに越したことはなく，生活保護基準を上回るほうが望ましいことは確かだとしても，給付水準は国民の保険料，および税を負担する能力による制約を免れることができない。負担の水準は結局のところ，国民の意思を尊重しつつ立法府の判断によって決めてゆかざるを得ないと考えられる。こうしたことから，基礎年金の給付額が生活保護基準を下回っていても，25条1項には違反しないと言える。また，2項についても，学説や裁判例で2項に関して立法府に幅広い裁量権を認めるものが目立ち，違反しているとは考えにくい。

とはいえ，40年にわたり国民年金保険料を払い続けても生活保護の基準額に及ばない場合があるという事実は，やはり一般の加入者にとって保険料納付意欲を失わせる要因である。特に若い世代にとって年金受給は遠い将来のことであり，生活保護に屈辱感（スティグマ）が付きまとうことを知っていたとしても，目先の保険料を納

---

(6) 判例と学説については石崎浩［2012］『公的年金制度の再構築』114〜117頁を参照のこと。

3 生活保護との関係

めないことの抑止力として十分に機能するとは限らない。基礎年金の給付水準と低年金・無年金の防止策について，再検討が必要である。

　さらに，マクロ経済スライド（第4章参照）によって，基礎年金の水準はこれからしだいに低下し，生活保護基準との逆転現象が拡大する可能性もある。有識者の間には，マクロ経済スライドによる給付水準引き下げを基礎年金については緩和すべきだなどの意見もある。基礎年金の所得保障機能をどう確保するかは，年金改革の重要な論点といえる。

第3章　世代間格差

❶ 格差の実態

(1) 厚生労働省の試算

　公的年金には世代によって，保険料負担と年金給付の両面で大きな格差が存在する。このいわゆる「世代間格差」については，厚生労働省もその存在を認め，格差の試算結果を公表している。直近の試算結果は，5年に1度行われる公的年金の財政検証の一環として，2009年5月に公表された。

　まず，厚生年金について見ていく。この試算で厚生労働省が想定するのは，夫が標準的な賃金水準（平均標準報酬月額42.9万円）で20歳から60歳になるまで40年間加入，同い年の妻はその間ずっと専業主婦という夫婦である。

　この夫婦が同年代の人の平均的な寿命まで生きた場合について，払った保険料と受け取る年金額を試算したところ，次のような結果となった。1940年生まれ（2010年時点で70歳）の夫婦では，保険料負担額900万円に対して年金給付額は5,600万円で，給付負担倍率（年金給付額÷保険料負担額）はおおむね6.5倍である。ところが，後に生まれた世代ほど給付負担倍率は低くなり，1980年生まれ（2010

1 格差の実態

〈図表8〉 世代間格差の試算

平成22(2010)年における年齢（生年）	厚生年金（基礎年金を含む）					国民年金		
	保険料負担額①	年金給付額②	倍率②/①	65歳以降給付分（再掲）		保険料負担額①	年金給付額②	倍率②/①
				年金給付額②'	倍率②'/①			
70歳（1940年生）[2005年度時点で換算]	万円 900 (900)	万円 5,500 (5,600)	6.5	万円 4,300 (4,400)	5.1	万円 300 (300)	万円 1,300 (1,400)	4.5
65歳（1945年生）[2010年度時点で換算]	1,000 (1,000)	4,800 (4,800)	4.7	4,000 (4,000)	3.9	400 (400)	1,300 (1,300)	3.4
60歳（1950年生）[2015年度時点で換算]	1,300 (1,200)	5,200 (4,700)	3.9	4,600 (4,200)	3.4	500 (500)	1,400 (1,300)	2.7
55歳（1955年生）[2020年度時点で換算]	1,700 (1,500)	5,600 (4,900)	3.3	5,200 (4,500)	3.1	700 (600)	1,500 (1,300)	2.2
50歳（1960年生）[2025年度時点で換算]	2,200 (1,800)	6,200 (5,100)	2.9	6,100 (5,000)	2.8	900 (700)	1,700 (1,400)	1.9
45歳（1965年生）[2030年度時点で換算]	2,700 (2,100)	7,100 (5,600)	2.7	7,100 (5,600)	2.7	1,100 (800)	1,900 (1,500)	1.8
40歳（1970年生）[2035年度時点で換算]	3,200 (2,400)	8,000 (5,900)	2.5	8,000 (5,900)	2.5	1,300 (1,000)	2,100 (1,500)	1.6
35歳（1975年生）[2040年度時点で換算]	3,800 (2,700)	9,100 (6,400)	2.4	9,100 (6,400)	2.4	1,500 (1,100)	2,400 (1,700)	1.5
30歳（1980年生）[2045年度時点で換算]	4,500 (3,000)	10,400 (7,000)	2.3	10,400 (7,000)	2.3	1,800 (1,200)	2,700 (1,800)	1.5
25歳（1985年生）[2050年度時点で換算]	5,200 (3,300)	11,900 (7,600)	2.3	11,900 (7,600)	2.3	2,000 (1,300)	3,100 (2,000)	1.5
20歳（1990年生）[2055年度時点で換算]	5,900 (3,600)	13,600 (8,300)	2.3	13,600 (8,300)	2.3	2,300 (1,400)	3,500 (2,200)	1.5
15歳（1995年生）[2060年度時点で換算]	6,800 (3,900)	15,500 (9,000)	2.3	15,500 (9,000)	2.3	2,700 (1,500)	4,000 (2,300)	1.5
10歳（2000年生）[2065年度時点で換算]	7,700 (4,200)	17,600 (9,700)	2.3	17,600 (9,700)	2.3	3,000 (1,700)	4,600 (2,500)	1.5
5歳（2005年生）[2070年度時点で換算]	8,700 (4,600)	19,900 (10,400)	2.3	19,900 (10,400)	2.3	3,400 (1,800)	5,200 (2,700)	1.5
0歳（2010年生）[2075年度時点で換算]	9,800 (4,900)	22,500 (11,200)	2.3	22,500 (11,200)	2.3	3,900 (1,900)	5,800 (2,900)	1.5

(注) それぞれ保険料負担額と年金給付額を65歳時点の価格に換算した。
( ) 内はさらに物価上昇率で現在価値（平成21年度時点）に割り引いて表示した。
出典：厚生労働省年金局数理課「平成21年財政検証結果レポート」346頁

第1部　第3章　世代間格差

年時点で30歳）より後の世代の夫婦では，2.3倍に低下する（**図表8**）。

　老後に国民年金（基礎年金）だけを受給する，40年加入した自営業者について見ると，1940年生まれ（2010年時点で70歳）では保険料負担額300万円に対して年金給付額は1,400万円で，給付負担倍率はおおむね4.5倍である。厚生年金と同様，やはり後に生まれた世代ほど給付負担倍率は低くなり，1975年生まれ（同35歳）より後の世代では1.5倍にとどまる。

　なお，世代別に負担と給付を比較するに当たり，厚生労働省は過去の保険料納付や将来の年金受給額について，賃金上昇率を用いて各世代の65歳時点の価値に換算している。厚生年金では賃金の一定割合の保険料拠出を求め，給付額も賃金水準の上昇を反映する仕組みになっていることなどが理由である。

(2) 試算の問題点

　厚生労働省による世代間格差の試算方法の問題点として，しばしば指摘されるのが，厚生年金について，被用者本人と折半で負担している事業主分の保険料負担を試算から除いていることである。経済学系の研究者の間からは，事業主負担分の保険料も企業から見れば人件費の一部であり，その分が賃金抑制などの形で労働者側に転嫁されている可能性が高いことなどが，不適切である理由としてしばしば挙げられている。厚生労働省が各種パンフレットなどで，厚生年金について「払った保険料の2倍以上を受け取れる」ことを利点として強調するのは，行き過ぎだと言えるだろう。

　もっとも，各世代間で給付負担倍率を比較する場合には，事業主負担分を試算に含めても含めなくても，たとえば1940年生まれ世帯は2010年生まれ世帯の約2.8倍となり，同じことである。

このほか，加入者が税として別途負担している基礎年金の国庫負担分を計算に入れていないこと，妻が保険料を納めなくて済む会社員と専業主婦の世帯をモデルに使っていることについても，負担を小さく見せているという批判がある。

❷ 格差の評価

(1) 格差が生じた理由

厚生労働省は，給付負担倍率にこのような大きな格差が生じた理由について，①公的年金制度が「戦後の経済混乱の中で，負担能力に見合った低い保険料からスタートし，その後，保険料を段階的に引き上げることにより長期的な給付と負担の均衡を図ってきたこと」，②「その後の経済発展の中で，物価や賃金の上昇に応じた給付改善を後代の負担で行ってきたこと」などの要因によると説明している[7]。

加入者から保険料を徴収してまかなう社会保険方式の年金制度では，年金受給のためには通常，ある程度の期間，保険料を納付しなければならない。このため，制度が始まってすぐには受給者がいないが，年月がたつにつれて受給者が生じ，必要な給付費も増えていく。こうしたことから日本の公的年金では，保険料を最初は低く設定し，原則5年に1度の財政再計算ごとに引き上げて収支を均衡させる「段階保険料方式」が採用されてきた。段階保険料方式は積立

---

(7) 厚生労働省年金局数理課［2005］「厚生年金・国民年金 平成16年財政再計算結果」284頁

方式の性格を帯びてはいるものの,基本的には賦課方式の考え方に立った方式である[8]。しかも,敗戦で日本経済は大きな打撃を受け,物価も急上昇したことなどから,1948年改正では,厚生年金の保険料率をそれ以前の約3分の1に引き下げる措置が取られた。その後も保険料の引き上げが与野党の反対などで遅れ,1947年の男子の保険料率(9.4%)をようやく上回ったのは,1980年を過ぎてからだった[9]。その一方で,給付面では高度経済成長期に大幅な改善が続き,結果として年金財政の実力に見合わない大盤振る舞いが続けられてきた。

さらに,厚生年金の支給開始年齢が60歳から65歳へと段階的に引き上げられること,公的年金の2004年改正で導入されたマクロ経済スライドにより給付水準がしだいに低下することなども,世代間格差が拡大する要因となっている。

(2) どう評価すべきか

世代間格差の存在について,必ずしも単純に「悪」と決めつけることはできない。厚生労働省は現行制度の世代間格差が許容されるという立場を取っており,「平成11年版 年金白書」はその理由として,要旨,次のような点を挙げている[10]。

① 公的年金は社会保障制度の一つであり,必要に応じた給付を行うための費用は社会全体で負担する。このため終身年金であること,物価スライド等で実質価値の維持が図られていることなどの特徴を持っている。公的年金は社会全体の助け合いの制

---

(8) 厚生省「平成11年版 年金白書」387頁
(9) 同61頁
(10) 同154頁

度なので,そもそも貯蓄や投資のような損得論になじみにくい。
② 現在の受給世代の保険料負担は小さかったが,厚生年金制度が本格的に適用されなかった自分の親の世代を私的に扶養してきた。
③ 公的年金は現役世代から高齢者世代への所得の移転ととらえられるが,逆に高齢者世代から現役世代への所得の移転もある。高齢者は人生の各段階で教育費,住宅取得費,結婚費用など種々の形で現役世代に経済的援助を行っているし,最終的には高齢者の財産は遺産として相続される。また,高齢者世代の努力で整備されてきた教育や社会資本を現役世代や将来世代が享受できるという面もある。年金の給付と負担だけを取り上げて世代間の公平を論じるのは,必ずしも適当でない。

だが,世代間格差があまりにも拡大すれば,年金制度に対する若い世代の理解が得られなくなり,制度の持続可能性が低下する可能性がある。このため2004年の公的年金改革では,現役世代の保険料引き上げに上限を設ける一方で,高齢者がすでに受給中の既裁定年金にもマクロ経済スライドを適用して,給付水準を引き下げることにした。にもかかわらず,世代間格差は依然として大きく,賦課方式を基本とする今の制度を続ける限り,世代間格差の縮小には限界があると考えられる。このことが,公的年金の財政方式を積立方式に転換すべきだという議論が出てくる大きな理由となっている。

第4章 マクロ経済スライドと経済前提

❶ 給付水準引き下げ

(1) 問題の所在

政府は2004年の年金改正で，少子高齢化に対応して年金財政を健全に保つための重要な改革を行った。「保険料水準固定方式」を導入して将来の保険料水準を一定に保ち，現役世代の負担が重くなり過ぎるのを防ぐとともに，給付水準を「マクロ経済スライド」という手法を使って徐々に引き下げることを決めたのである。これにより，公的年金の持続可能性は従来より高まった。

ただ，2004年改正および，2009年に行われた財政検証の前提となっている将来の出生率や経済に関する前提条件については，楽観的過ぎるという批判がある。仮に実際の出生率や経済情勢が年金財政を悪化させる方向に動いた場合，現在は想定されていないさらなる負担増や給付削減が今後必要となり，後の世代ほど不利益をこうむる可能性がある。制度の持続可能性にも影響を及ぼしかねない。

また，公的年金積立金の一部は国内外の株式で運用されており，その結果，単年度で見れば大幅な運用赤字が生じることもある。こうした現在の運用方法の是非も議論になっている。

1 給付水準引き下げ

(2) 2004年改正

 まず，2004年改正でどのような給付水準の調整が決まったのかを確認しておきたい。

 この改正の大きな柱は，厚生年金と国民年金の保険料を徐々に引き上げ，2017年以降は一定水準で固定する保険料水準固定方式の導入である。厚生年金保険料は，改正前には年収の13.58％相当額を事業主と従業員が半分ずつ負担していたが，2004年10月以降は毎年0.354％ずつ引き上げられ，2017年9月以降は18.3％で固定される。国民年金保険料は改正前の月額1万3,300円から毎年，原則280円ずつ引き上げられ，1万6,900円（2004年度の価値で表示）の水準で固定される。また，公的年金には厚生年金と国民年金を合わせて改革前の2003年度末現在で約147兆円の積立金があり，厚生年金では給付費の約5年分に当たる水準となっていたが，この積立金も2100年度までに給付費の約1年分の水準まで取り崩すことにした（有限均衡方式）。

 以上に基礎年金の国庫負担を加えた限られた収入で年金給付をまかなわざるを得ないことから，年金の給付水準は今後，しだいに引き下げられていく。

 給付水準の引き下げは，「マクロ経済スライド」という手法で行われる。具体的には，新たに年金を受給する新規裁定時に，手取り賃金上昇率から，公的年金全体の被保険者数の減少と平均余命の延びを反映させるための「スライド調整率」を差し引いた改定率を使って年金額を裁定する。スライド調整率は年によって異なるが，平均年0.9％程度と見込んだ。マクロ経済スライドによる調整は，5年に1度行う公的年金の財政検証によって，長期的な負担と給付の均衡が保てると見込まれる状況になるまで続けられる。厚労省は04

第1部　第4章　マクロ経済スライドと経済前提

年改正時点で，調整終了が2023年度になると想定していた。

新たに受け取り始める人の年金額（新規裁定年金）を表す指標である「モデル年金」の額は，2004年度は月約23.3万円であった（内訳は夫名義の老齢厚生年金約10.1万円，夫婦それぞれの老齢基礎年金約6.6万円）。改正前の制度では，モデル世帯の年金額は，現役世代の賃金上昇率に合わせて後の世代ほど増えていくことになっており，それぞれの時点での現役世代男性の平均的な手取り賃金と比較した所得代替率は，将来も約6割のまま保たれるはずだった。だが2004年改正によって，モデル年金の所得代替率は，2023年度以降

〈図表9〉　モデル世帯の所得代替率（2004年改正）

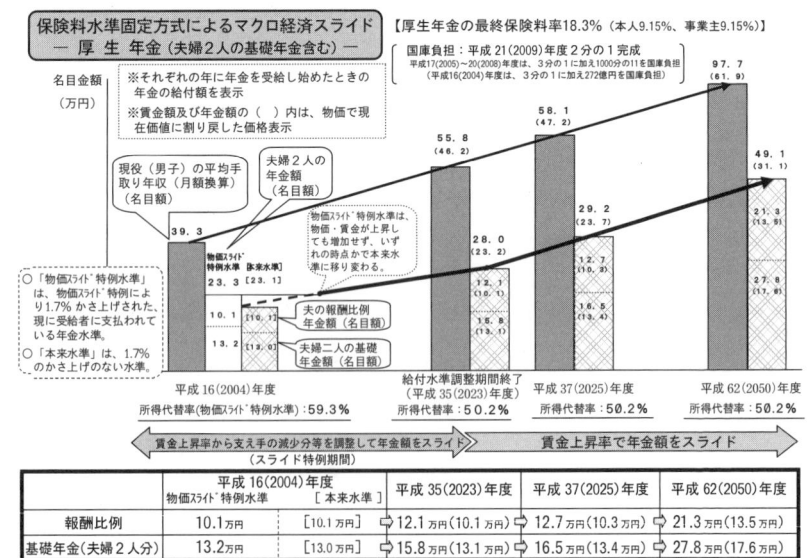

	平成16(2004)年度		平成35(2023)年度	平成37(2025)年度	平成62(2050)年度
	物価スライド特例水準	［本来水準］			
報酬比例	10.1万円	［10.1万円］	12.1万円(10.1万円)	12.7万円(10.3万円)	21.3万円(13.5万円)
基礎年金(夫婦2人分)	13.2万円	［13.0万円］	15.8万円(13.1万円)	16.5万円(13.4万円)	27.8万円(17.6万円)

※　（　）内は物価で現在価値に割り戻した価格表示
出典：厚生労働省年金局数理課「厚生年金・国民年金平成16年財政再計算結果」22頁

1 給付水準引き下げ

は50.2%となり,以後は一定で推移するという想定に変更された(**図表9**)。

少子高齢化が予想を超えて進んだり,経済が不振で賃金の伸びや積立金の運用利回りが低かったりした場合には,マクロ経済スライドによる調整終了は2023年度より後にずれ込み,試算上の所得代替率は50%を下回る。ただし,改正法では5年ごとに財政検証を行い,次回の検証まで(5年以内)に所得代替率が50%を下回ることが見込まれるという結果が出た場合には,マクロ経済スライドによる調整を打ち切り,負担と給付のあり方について再検討して所要の措置を講ずることとされた。これにより,給付水準の自動的な低下には一応の歯止めがかけられることになった。

高齢者がいったん受け取り始めた年金(既裁定年金)も,やはりマクロ経済スライドによって給付調整が行われる。調整の終了は新規裁定年金と同時とされており,先に見たように厚労省の試算では2023年度とされた。具体的には,物価スライドを毎年度行う際に,従来のように前年の消費者物価変動率に合わせて年金額を改定するのでなく,消費者物価が上昇した場合には,物価上昇率から現役世代と同じスライド調整率を差し引いた上で年金額を改定する。物価上昇率がスライド調整率より小幅だった場合には,年金の名目額はそのまま維持される。既裁定年金にもマクロ経済スライドが適用される結果,実質的購買力が平均的には年1%弱ずつ低下していく状態が,04年改正時点での厚生労働省の想定では2023年度まで続くことになった。改正法は新規裁定のモデル年金の所得代替率が将来も50%を下回らないことを想定しているが,既裁定年金の所得代替率は,どの世代のモデル年金でも最終的には40%強にまで低下

第1部　第4章　マクロ経済スライドと経済前提

〈図表10〉　既裁定年金の給付水準試算（2004年改正）

生年度（平成16(2004)年度における年齢）	平成16年度(2004)	平成21年度(2009)	平成26年度(2014)	平成31年度(2019)	平成36年度(2024)	平成41年度(2029)	平成46年度(2034)	平成51年度(2039)	平成56年度(2044)	平成61年度(2049)
現役男子の平均賃金（手取り）	万円 39.3 (39.3)	万円 42.5 (40.4)	万円 46.6 (42.2)	万円 51.3 (44.2)	万円 56.9 (46.7)	万円 63.1 (49.3)	万円 70.0 (52.0)	万円 77.7 (54.9)	万円 86.2 (58.0)	万円 95.7 (61.2)
1939年度生（65歳）[平成16(2004)年度65歳到達]	23.3 (23.3) 59.3% (65歳)	23.9 (22.8) 〈56.3%〉 (70歳)	23.9 (21.7) 〈51.3%〉 (75歳)	24.0 (20.7) 〈46.8%〉 (80歳)	24.6 (20.2) 〈43.2%〉 (85歳)					
1944年度生（60歳）[平成21(2009)年度65歳到達]		24.4 (23.2) 57.5% (65歳)	24.4 (22.1) 〈52.4%〉 (70歳)	24.5 (21.1) 〈47.8%〉 (75歳)	25.1 (20.6) 〈44.1%〉 (80歳)	26.4 (20.6) 〈41.8%〉 (85歳)				
1949年度生（55歳）[平成26(2014)年度65歳到達]			25.2 (22.8) 54.0% (65歳)	25.3 (21.8) 〈49.3%〉 (70歳)	25.9 (21.2) 〈45.4%〉 (75歳)	27.2 (21.2) 〈43.0%〉 (80歳)	28.6 (21.2) 〈40.8%〉 (85歳)			
1954年度生（50歳）[平成31(2019)年度65歳到達]				26.5 (22.8) 51.6% (65歳)	27.1 (22.2) 〈47.6%〉 (70歳)	28.5 (22.2) 〈45.1%〉 (75歳)	29.9 (22.2) 〈42.7%〉 (80歳)	31.4 (22.2) 〈40.5%〉 (85歳)		
1959年度生（45歳）[平成36(2024)年度65歳到達]					28.6 (23.5) 50.2% (65歳)	30.0 (23.5) 〈47.6%〉 (70歳)	31.6 (23.5) 〈45.1%〉 (75歳)	33.2 (23.5) 〈42.7%〉 (80歳)	34.9 (23.5) 〈40.5%〉 (85歳)	
1964年度生（40歳）[平成41(2029)年度65歳到達]						31.7 (24.8) 50.2% (65歳)	33.3 (24.8) 〈47.6%〉 (70歳)	35.0 (24.8) 〈45.1%〉 (75歳)	36.8 (24.8) 〈42.7%〉 (80歳)	38.7 (24.8) 〈40.5%〉 (85歳)

・標準的な前提条件（将来推計人口の中位推計，2009年度以降の物価上昇率年1.0%，賃金上昇率年2.1%，運用利回り年3.2%）で推移した場合の年金額。
・（　）内は，各時点の名目額を物価上昇率を用いて2004年度時点の価値に割り戻した額。
・□内は，各世代の65歳新規裁定時における標準的な年金額の所得代替率。
・〈　〉内は，各時点における年金額と同時点における現役男子の平均賃金（手取り）とを比較した比率。
出典：厚生労働省年金局数理課「厚生年金・国民年金 平成16年財政再計算結果」241頁

1　給付水準引き下げ

することを示す試算結果も公表された。(**図表10**)

(3) 改革の背景

　こうした給付水準の引き下げが決まったのは，少子高齢化が予想を上回る速さで進行し，年金財政の悪化が進んだからである。

　厚生年金と国民年金は，従来，原則として5年に1度「財政再計算」を行い，負担と給付のあり方を見直すことが法律で決められていた。

　2004年の財政再計算に向けた厚生労働省内での検討作業は，国立社会保障・人口問題研究所が2002年1月に新たな将来推計人口を発表したことを受けて始まった。この将来推計人口では，合計特殊出生率（1人の女性が生涯に生む子供数の推計値）の将来見通しが大きく下方修正された。年金改正の基礎データとして使用される中位推計について見ると，前回1997年推計が将来的に1.61としていたのに対し，この推計人口では1.39までしか回復しないという見通しになった。

　2004年に先立つ2000年改正の際，当時の厚生省は厚生年金保険料を年収の2割程度に抑えることを基本方針に据えていた。だが，新推計に基づいて厚労省が2002年5月に示した試算では，それまでの給付水準を維持するためには，2025年度以降の保険料率を年収の24.8％に引き上げなければならないという結果になった。このため，2004年改正で給付削減を行うとともに，給付費の3分の1とされていた基礎年金の国庫負担割合を2分の1に引き上げる必要性が強まった。

　また，2000年改正時には，景気への悪影響を避ける必要があるという，当時与党だった自民党の判断に従って，保険料の引き上げ

を凍結せざるを得なくなった経緯もあった。このため，保険料率の引き上げをより確実なものとするために，引き上げのスケジュールを長期にわたって法律であらかじめ決めておき，給付のほうは人口構成の変動などに合わせて自動調整する方式の導入が検討課題となったのである。厚生労働省は当初，厚生年金の最終的な保険料率を20％とする案を公表したが，政府・与党内での調整の結果，保険料引き上げの上限は厚生年金保険料率が18.3％，国民年金が月1万6,900円（2004年度の価値で表示）に抑えられることになった。

(4) 2009年の財政検証

すでに見たように，2004年改正が行われる以前の公的年金は，原則5年ごとに財政再計算を行って，少子高齢化の動向などに合わせて保険料水準と給付水準を決め直すことになっていた。だが2004年改正で将来の保険料率を固定したことから，それ以降は従来のような財政再計算を行わず，代わりに5年に1度，財政状況をチェックするための財政検証を行うことになった。

最初の財政検証は2009年に行われた。その結果によると，厚生年金のモデル世帯の所得代替率（現役世代男性の平均手取り賃金と比較した，モデル世帯の年金額の割合）は，出生率や経済前提が中位で推移するとした「基本ケース」で見ると，2009年度の62.3％からしだいに低下し，2038年度に50.1％で下げ止まる。最終的な所得代替率は，2004年改正で想定された50.2％より0.1ポイント低くなる。とは言え，かろうじて給付水準の下限である50％を下回ることはない（**図表11**）。

足元の2009年度の所得代替率62.3％は，2004年改正時点の足元の59.3％より高くなった。これは，現役世代の賃金が想定のように

1 給付水準引き下げ

〈図表11〉 モデル世帯の所得代替率（2009年財政検証）

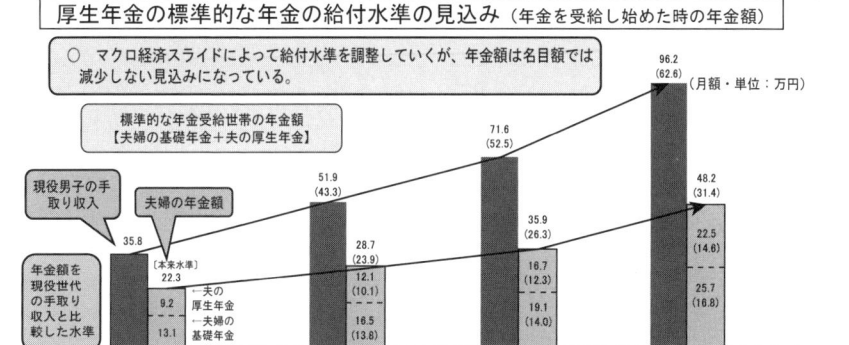

厚生年金の標準的な年金の給付水準の見込み（年金を受給し始めた時の年金額）

○ マクロ経済スライドによって給付水準を調整していくが、年金額は名目額では減少しない見込みになっている。

標準的な年金受給世帯の年金額
【夫婦の基礎年金＋夫の厚生年金】

現役男子の手取り収入　夫婦の年金額

年金額を現役世代の手取り収入と比較した水準

	平成21(2009)年度	平成37(2025)年度	平成50(2038)年度（調整終了）	平成62(2050)年度
現役男子手取り	35.8	51.9 (43.3)	71.6 (52.5)	96.2 (62.6)
夫婦年金額	22.3 [本来水準]	28.7 (23.9)	35.9 (26.3)	48.2 (31.4)
夫の厚生年金	9.2	12.1 (10.1)	16.7 (12.3)	22.5 (14.6)
夫婦の基礎年金	13.1	16.5 (13.8)	19.1 (14.0)	25.7 (16.8)
所得代替率	62.3% 比例25.6% 基礎36.6%	55.2% 比例23.4% 基礎31.9%	50.1% 比例23.4% 基礎26.8%	50.1% 比例23.4% 基礎26.8%

（月額・単位：万円）

年金額の伸びを調整 50%を下限　→　通常の年金額の改定

出典：厚生労働省年金局数理課「平成21年財政検証結果レポート」26頁

伸びず，所得代替率を計算する際の分母が小さくなった一方で，分子である高齢者の年金額が高止まりしていることなどによる。2004年改正で所得代替率を引き下げていくことになったのに，5年後の財政検証では逆に高くなってしまっていたのである。

なお，既裁定年金の所得代替率も，さきに**図表10**で示した04年改正時の想定とは変わってくる（**図表12**）。

財政検証は，前提条件をどう置くかによって，結果が大きく左右される。厚労省が想定した諸前提のうち，主な項目を見ると，**図表13**のようになる。

これらの前提のうち，合計特殊出生率は，国立社会保障・人口問題研究所が5年ごとに公表する人口推計結果に基づいている。1.39

43

第1部　第4章　マクロ経済スライドと経済前提

〈図表12〉 既裁定年金の給付水準試算（2009年財政検証）

生年度（平成21（2009）年度における年齢）	平成21年度(2009)	平成26年度(2014)	平成31年度(2019)	平成36年度(2024)	平成41年度(2029)	平成46年度(2034)	平成51年度(2039)	平成56年度(2044)	平成61年度(2049)	平成66年度(2054)	平成71年度(2059)
現役男子の平均賃金（手取り）	万円 35.8 (35.8)	万円 39.6 (37.9)	万円 44.8 (39.7)	万円 50.6 (42.7)	万円 57.3 (46.0)	万円 64.8 (49.5)	万円 73.4 (53.3)	万円 83.0 (57.3)	万円 93.9 (61.7)	万円 106.2 (66.5)	万円 120.2 (71.5)
1944年度生(65歳)［平成21(2009)年度65歳到達］	22.3 (22.3) 62.3% (65歳)	22.6 (21.6) 〈57.1%〉 〈70歳〉	23.2 (20.5) 〈51.7%〉 〈75歳〉	23.7 (20.5) 〈46.9%〉 〈80歳〉	24.8 (19.9) 〈43.2%〉 〈85歳〉						
1949年度生(60歳)［平成26(2014)年度65歳到達］		23.8 (22.8) 60.1% (65歳)	24.4 (21.6) 〈54.5%〉 〈70歳〉	25.0 (21.1) 〈49.3%〉 〈75歳〉	25.6 (20.5) 〈44.6%〉 〈80歳〉	26.9 (20.5) 〈41.5%〉 〈85歳〉					
1954年度生(55歳)［平成31(2019)年度65歳到達］			25.5 (22.6) 56.9% (65歳)	26.1 (22.0) 〈51.6%〉 〈70歳〉	26.7 (21.4) 〈46.6%〉 〈75歳〉	27.3 (20.8) 〈42.1%〉 〈80歳〉	29.4 (21.4) 〈40.1%〉 〈85歳〉				
1959年度生(50歳)［平成36(2024)年度65歳到達］				28.1 (23.7) 55.5% (65歳)	28.8 (23.1) 〈50.2%〉 〈70歳〉	29.4 (22.4) 〈45.3%〉 〈75歳〉	30.3 (22.0) 〈41.3%〉 〈80歳〉	33.3 (23.0) 〈40.1%〉 〈85歳〉			
1964年度生(45歳)［平成41(2029)年度65歳到達］					30.9 (24.8) 54.0% (65歳)	31.6 (24.1) 〈48.8%〉 〈70歳〉	32.6 (23.7) 〈44.4%〉 〈75歳〉	34.2 (23.7) 〈41.3%〉 〈80歳〉	37.6 (24.8) 〈40.1%〉 〈85歳〉		
1969年度生(40歳)［平成46(2034)年度65歳到達］						33.6 (25.7) 51.9% (65歳)	34.7 (25.2) 〈47.3%〉 〈70歳〉	36.4 (25.2) 〈43.9%〉 〈75歳〉	38.3 (25.2) 〈40.8%〉 〈80歳〉	42.6 (26.6) 〈40.1%〉 〈85歳〉	
1974年度生(35歳)［平成51(2039)年度65歳到達］							36.8 (26.7) 50.1% (65歳)	38.6 (26.7) 〈46.6%〉 〈70歳〉	40.6 (26.7) 〈43.3%〉 〈75歳〉	42.7 (26.7) 〈40.2%〉 〈80歳〉	48.2 (28.7) 〈40.1%〉 〈85歳〉

・基本ケース（人口は出生中位（死亡中位），経済は中位ケース）の場合の年金額。
・（　）内は，各時点の名目額を物価で現在価値に割り戻した額。
・□内は，各世代の65歳新規裁定時における標準的な年金額の所得代替率。
・〈　〉内は，各時点における年金額と同時点における現役男子の平均賃金（手取り）とを比較した比率。

出典：厚生労働省年金局数理課「平成21年財政検証結果レポート」278頁

1 給付水準引き下げ

〈図表13〉 前提条件の比較（基本ケース）

	2004年改正	2009年財政検証
名目賃金上昇率	2.1%（2009年度以降）	2.5%（2016年度以降）
名目運用利回り	3.2%（2009年度以降）	4.1%（2020年度以降）
物価上昇率	1.0%（2009年度以降）	1.0%（2016年度以降）
合計特殊出生率	1.39	1.26

出典：厚生労働省年金局数理課「平成21年財政検証結果レポート」をもとに作成

から1.26への修正は，将来の所得代替率を押し下げる要因となった。

だが，積立金の運用利回りが賃金上昇率を1.6ポイントも上回ると見込んだことは，所得代替率をかなり大きく押し上げている（厚労省は長期の経済前提について，社会保障審議会年金部会・経済前提専門委員会の報告書[11]で示された範囲の中央値を取って設定したと説明している）。

さらに，60代の男女，および現役世代の女性の労働市場への参加が大きく進むことも見込んでおり，このことも所得代替率を押し上げる要因になっている。

2009年財政検証については，特に経済学系の研究者から，前提が過度に楽観的だという批判が強い。前提の置き方しだいで，制度の持続可能性に関する判断が大きく変わってくることは確かである。

一方，2009年の財政検証では，給付水準を引き下げて制度の持続可能性を高めるための「マクロ経済スライド」の開始時期が，04年改正の想定より5年遅れ，2012年度にずれ込む見通しとなった。スライドによる調整の終了時期も，04年改正で想定していた2023年度より15年遅れ，2038年度となる（厚生年金は2019年度に終了

---

(11) 「平成21年財政検証における経済前提の範囲について」（2008年11月）

第1部　第4章　マクロ経済スライドと経済前提

するが，基礎年金の調整が2038年まで続き，給付水準が大きく下がる）。マクロ経済スライドの発動は，物価や賃金の上昇が前提となるが，デフレ経済のもとで想定通りに機能してこなかったのである。しかも，デフレが財政検証後も続いたため，マクロ経済スライドの発動は想定よりさらに遅れており，2014年度の時点でもまだスライド調整が始まっていない。

　このことは，年金財政の長期的安定を図るという04年改正の趣旨が実現せず，後世代に想定外の給付減や負担増を強いる可能性が出てきたことを意味する。財政検証結果を受け，政府が12年2月に閣議決定した社会保障・税一体改革大綱には，遅まきながらデフレ経済下でのマクロ経済スライドのあり方を検討する方針が盛り込まれた。13年12月に成立した社会保障制度改革のプログラム法にも，マクロ経済スライドについて再検討し，必要な措置を講じるという1項目が明記された。ただ，法律には実施時期などの規定はなく，見直しがいつ実現するかは定かでない。

　マクロ経済スライドが作動しなかった直接の原因は，既裁定の年金額が本来より高止まりしている「特例水準」の解消が，2004年改正の想定より大幅に遅れたことである。特例水準は1999〜2001年に物価が下落した際，当時の自公政権が高齢者の反発を恐れて物価スライドによる年金減額を行わず，金額を据え置いたことで生じた。既裁定の年金額は本来より高いままで支給され続けているのである。政府はいずれ物価が上昇した時に，年金額を据え置いて実質的に目減りさせる方針だったが，その後も物価は上がらず，本来より2.5％も高い水準で推移する事態となった。この特例水準が解消されるまで，マクロ経済スライドも発動されないルールになっている。

特例水準は結局，2012年の法改正で，2.5%を3段階に分けて引き下げて解消することが決まった。13年10月と14年4月に各1%，15年4月に0.5%，それぞれマイナスの改定が行われる。特例水準の解消が遅れたことによる過払いは，約10兆円にのぼると見込まれ，年金財政が厳しくなる要因となっている。

(5) 2014年の財政検証

次回の財政検証は2014年に予定されている。年金財政にプラスの要因としては，合計特殊出生率が前回財政検証の想定を上回って想定しており，2012年には1.41と，1996年以来16年ぶりに1.40を超えたことが挙げられる。また，積立金の運用実績も安倍政権の経済政策（アベノミクス）のもとでの株高などの影響を受けて，2012年度には単年度で運用益が過去最高の11兆2,222億円を記録した。

だが，日本経済がデフレを脱して安定的な成長軌道に乗るかどうかは定かでない。物価や賃金，運用利回りの将来見通しをどのように置くかによって，年金財政の長期的な見通しは大きく左右される。

❷ 積立金の運用

(1) これまでの運用実績

公的年金の財政方式は，賦課方式が基本であり，事前に給付費をすべて積み立てておく積立方式になっているわけではない。ただ，高齢化がまだ現在ほど進んでいなかったころに，年金を給付した後

第1部　第4章　マクロ経済スライドと経済前提

〈図表14〉　年金積立金額の推移

（簿価ベース。カッコ内のみ時価ベース）

年度末	厚生年金（億円）	国民年金（億円）	合計（億円）
1989	702,175	32,216	734,391
91	839,970	43,572	883,542
93	978,705	58,468	1,037,174
95	1,118,111	69,516	1,187,628
97	1,257,560	84,683	1,342,243
99	1,347,988	94,617	1,442,605
2001	1,373,934 (1,345,967)	99,490 (97,348)	1,473,424 (1,443,315)
03	1,374,110 (1,359,151)	98,612 (97,160)	1,472,722 (1,456,311)
04	1,376,619 (1,382,468)	96,991 (97,151)	1,473,610 (1,479,619)
05	1,324,020 (1,403,465)	91,514 (96,766)	1,415,534 (1,500,231)
06	1,300,980 (1,397,509)	87,660 (93,828)	1,388,640 (1,491,337)
07	1,270,568 (1,301,810)	82,692 (84,674)	1,353,260 (1,386,485)
08	1,240,188 (1,166,496)	76,920 (71,885)	1,317,108 (1,238,381)
09	1,195,052 (1,207,568)	74,822 (75,079)	1,269,874 (1,282,647)
10	1,134,604 (1,141,532)	77,333 (77,394)	1,211,937 (1,218,926)
11	1,085,263 (1,114,990)	77,318 (79,025)	1,162,581 (1,194,015)
12	1,050,354 (1,178,823)	72,789 (81,446)	1,123,143 (1,260,269)

国民年金の積立金の残高は、基礎年金勘定分を除いた額。厚生年金の積立金は特別会計の積立金であり、厚生年金基金の代行部分は含まれていない。

出典：厚生労働省「平成24年度年金積立金運用報告書」

2 積立金の運用

の剰余分が積立金として蓄積されてきた。その金額は厚生労働省所管分で2013年3月末現在，厚生年金117兆8,823億円，国民年金8兆1,446億円の計126兆269億円となっており，このほか共済年金も計約50兆円を保有している。過去の推移は**図表14**の通りである。

積立金は年金積立金管理運用独立行政法人（GPIF）に寄託され，大部分が市場で運用されている。市場運用分は基本ポートフォリオに基づき，分散投資がなされている。運用対象は国内債券，国内株式，外国債券，外国株式，短期資産の5資産で，投資割合は13年6月7日以降，国内債券60%（±8%），国内株式12%（±6%），外国債券11%（±5%），外国株式12%（±5%），短期資産5%と定められている。

GPIFが2013年7月に発表した2012年度の運用結果は，アベノミクスのもとでの株高や円安などの影響で，収益率が10.23%，運用益が11兆2,222億円にのぼった（**図表15**）。年金積立金の市場運

〈図表15〉 年金積立金全体の運用実績

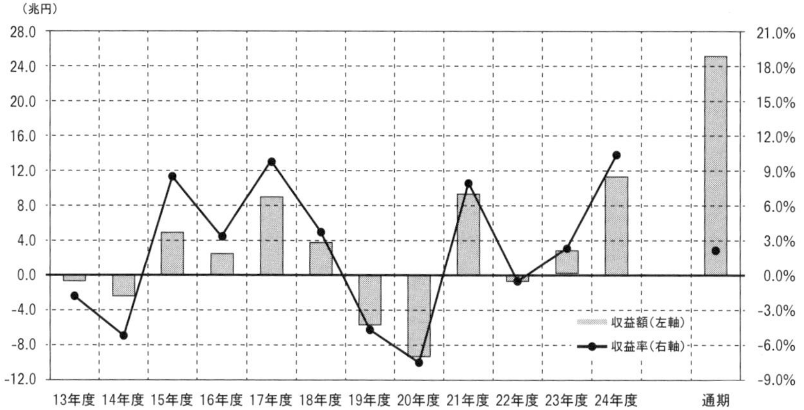

出典：年金積立金管理運用独立行政法人資料

用を本格的に始めた 2001 年度からの累積収益額は，25 兆 2209 億円となっている。

(2) 基本ポートフォリオの修正

政府・与党内には，リスクは大きいがより大きなリターンを見込める国内外の株式などの比率を高めるべきだという声も目立つ。さらに，安倍政権がデフレからの脱却をめざしていることから，物価上昇に伴って金利が上昇し，国債価格が下落するリスクも指摘されるようになった。このため 2013 年には年金積立金の運用方法を再検討するための有識者会議も政府内に設けられ，債券を減らして株式などリスク資産での運用を増やし，不動産やインフラ，未公開株などのへの投資も検討すべきだという提言が取りまとめられた。また，先に示した基本ポートフォリオは，株高と円安で運用資産に占める国内外株式の割合が高まったことを追認する形で 6 月に決まり，それ以前より国内債券の比率が 7 ポイント引き下げられる一方，国内株式は 1 ポイント，外国株式と外国債券は 3 ポイント，それぞれ引き上げられている。

だが，積立金の運用は値動きのある資産を対象としているため年度によっては赤字が出る場合があり，例えば 2008 年度は約 9 兆 3,000 億円ものマイナスとなった。こうした局面では，国民の年金制度に対する不安感を助長する面もある。このため，有識者の間には国債中心の運用を維持すべきだという主張もあり，運用方法を巡ってさまざまな議論が交わされている。

第5章　支給開始年齢

❶ 引き上げ論とその背景

(1) なぜ主張されるか

　公的年金の老齢年金は，65歳から支給されることが標準となっている。厚生年金について見ると，1942年に発足した前身の労働者年金保険は55歳支給だったが，厚生年金の1954年改正で60歳への段階的引き上げが実施され，さらに1994年と2000年の年金改正によって，60歳から65歳への段階的な引き上げが進んでいる。男性は2025年度，女性は2030年度から65歳支給となる。基礎年金の支給開始年齢は，1986年の制度開始時から男女とも65歳である。

　近年，この支給開始年齢を65歳よりさらに遅らせるべきだという主張が，各方面から相次いでいる。平均寿命が伸びていることが背景にあるが，公的年金の財政検証の前提が楽観的過ぎるなどとして，財政の持続可能性を高めるために給付削減が必要だという主張も目立つ。また，財政検証結果の通り年金財政の健全性が確保されていると考える論者の中にも，現行のマクロ経済スライドで想定される給付水準引き下げを緩和する目的で，支給開始年齢引き上げの

第1部　第5章　支給開始年齢

検討が必要だという主張が見られる。

　支給開始年齢の引き上げは，65歳以上の人に就労を促す効果もある。政府の社会保障制度改革国民会議が2013年8月の報告書で，支給開始年齢の問題は「人生における就労期間と引退期間のバランス」を取る観点から検討すべきだと指摘したのは，こうした就労促進効果をも意識したものである。

　支給開始年齢について議論する上で忘れてはならないのは，基礎年金も厚生年金も，60歳以降は希望すれば前倒しで受け取り始める「繰り上げ受給」を選択できることである。その場合は年金額が減額され，当初の減額率が一生続く。例えば基礎年金を5年前倒しで60歳から受給する場合，65歳から受給するのと比べると年金は3割減額される。逆に受給を65歳より遅らせる「繰り下げ受給」の制度もあり，遅く受け取るほど年金が増額される。

　つまり，支給開始年齢が例えば67～68歳に引き上げられたとしても，もっと早く受給したければ減額された年金を受給できるため，収入の空白を避けることは可能である。このように考えると，支給開始年齢の引き上げには，給付水準引き下げと同様の効果があるといえる。

(2) 諸外国の動向

　支給開始年齢について議論する上では，諸外国の動向が参考になる。経済協力開発機構（OECD）が2012年に公表した，加盟34カ国の年金制度に関する報告書（OECD Pensions Outlook 2012）によると，日本も含めて半数に当たる17カ国で，すでに65歳支給になっているか，あるいは65歳への引き上げが予定されている。すでに67歳以上となっているか，これから67歳への引き上げが予定され

1 引き上げ論とその背景

〈図表16〉 支給開始年齢を引き上げる主な国

国名	支給開始年齢	引き上げ決定 →完了時期	平均寿命（調査時点）
日本	60歳→65歳	2000年→2030年（30年間）	男79.94歳，女86.41歳 （2012年）
アメリカ	65歳→67歳	1983年→2027年（44年間）	男76.3歳，女81.1歳 （2011年）
イギリス	65歳→68歳	2007年→2046年（39年間）	男78.66歳，女82.64歳 （2009〜2011年）
ドイツ	65歳→67歳	2007年→2029年（22年間）	男77.72歳，女82.73歳 （2009〜2011年）

出典：OECD報告書，厚生労働省資料をもとに筆者作成

ている国も約4割の13カ国あり，報告書は「67歳以上」が先進各国の主流になりつつあると分析している。

図表16に示した通り，英国は68歳，米国とドイツは67歳への引き上げを予定している。この3か国は，いずれも平均寿命が日本より短い。さらに，支給開始年齢の引き上げは加入者の生活設計に大きな影響を及ぼすことから，各国とも決定から実施までに相当の長期間をかけていることも見て取れる。

また，デンマークは2006年，平均余命の延びに応じて将来の支給開始年齢を自動的に引き上げるルールを導入した。すべての世代が平均的には同じ年数を受給することになり，世代間の公平が確保できるという考え方に基づく。日本でもこうした仕組みを検討すべきだという主張もある[12]。

---

(12) 高山憲之「年金 世代間の公平性 受給開始 余命で調整」（読売新聞2013年8月14日付朝刊）

第1部　第5章　支給開始年齢

❷　政府の対応

(1) 厚労省案

　政府が進める社会保障・税一体改革では，支給開始年齢引き上げが検討課題とされている。厚生労働省は2011年，仮に引き上げる場合，どのようなスケジュールで行うかについて，具体案を社会保障審議会年金部会に示した。

　現行制度のもとでは，厚生年金（報酬比例部分）は男性が2013年度，女性が18年度から3年ごとに1歳ずつの引き上げが始まり，男性は25年度，女性は30年度から完全65歳支給となることがすでに決まっている。

　厚生労働省案には，次の3つの方法が併記された。

第1案……予定されている3年ごとに1歳の引き上げペースを，2年に1歳ずつに前倒しする。女性も男性と同じスケジュールとする。この結果，男女とも2021年度から65歳支給となる。ただし，支給開始年齢は将来も65歳のままとする。

第2案……現行制度ですでに予定されているスケジュールはそのままにし，65歳支給になった後も3年ごとに1歳ずつ，68歳まで引き上げを続け，34年度以降は68歳からの支給とする。基礎年金の支給開始年齢も同様に68歳まで引き上げる。

第3案……第1案と同じく現行スケジュールを「2年に1歳ずつ」

に前倒しし，そのペースで68歳まで引き上げを続ける。厚生年金も基礎年金も，ともに27年度から68歳支給となる。

　厚生労働省は，支給開始年齢を1歳引き上げるごとに，厚生年金は年約8,000億円，基礎年金は年約1兆円の給付費を節減できるという試算も示した。

　だが，この案には各方面から反発が強く，社会保障審議会年金部会の委員からも「65歳以降も働ける環境が整わない」「すでに法律で決まったスケジュールを変えないほうがよい」などの意見が出た。さらに，団塊世代（1947〜49年生まれ）などすでに受給している世代は影響を受けず，引き上げの対象となる50歳代以下との世代間不公平が拡大するという指摘もあった。このため政府は「将来の課題」として棚上げし，それ以上の具体的な検討を行わなかった。2013年の社会保障制度改革国民会議報告書でも，すでに見たように支給開始年齢について検討する必要性が指摘されたものの，中長期的な課題と位置づけられており，引き上げがいつ実現するかは全く不透明である。

(2) 今後の課題

　日本は世界有数の長寿国であり，2012年に男79.94歳，女86.41歳となっている平均寿命は，基礎年金創設のころより男性が約5年，女性は約6年伸びている。国立社会保障・人口問題研究所は，2060年までに，それぞれさらに4〜5年程度伸びると予想している。また，年金財政が政府の想定通りに推移する保証はなく，財政の健全性を保つ上でも支給開始年齢の引き上げを検討する必要があると思われ

第 1 部　第 5 章　支給開始年齢

る。

　支給開始年齢の引き上げは有権者の反発を受けやすく，政治家が尻込みしがちな課題である。65 歳への引き上げも，必要性が 1970 年代から指摘されていたにもかかわらず，先送りされ続けて実現が大幅に遅れた。これにより年金財政の悪化が進み，今日に大きな禍根を残すことになった。引き上げは個人の生活設計に大きな影響を及ぼす問題であり，高齢者が働きやすい環境を整えるのにも相当な時間を必要とする。先の**図表 16** に示したように，例えば米国が 65 歳から 67 歳への 2 歳の引き上げに 44 年もかけるなど，諸外国は相当長い準備期間を費やしている。このような海外の例も参考に，引き上げの議論は早急に始めておく必要があると言えるのではないか。

第6章　非正規労働者の年金

❶ 厚生年金の適用拡大

(1) 現　状

　雇われて働く人の中で，非正規労働者や短時間労働者が増えている。総務省の労働力調査によると，雇用者数に占める短時間雇用者（就業時間が週35時間未満）の割合は，1965年の6.2％から，2012年には26.4％に上昇した。

　こうした人たちのかなりの部分が，厚生年金には加入せず，自営業者と同じ国民年金の第1号被保険者，あるいはサラリーマンの被扶養配偶者（第3号被保険者）になっている。たとえば，厚生労働省の平成23年パートタイム労働者総合実態調査によると，パート労働者（この調査では，週の所定労働時間が正社員よりも短い労働者）のうち厚生年金・共済年金に本人が被保険者として加入している割合は30.8％にすぎない。その一方，本来は自営業者向けであるはずの国民年金の第1号被保険者の中に，「常用雇用」「臨時・パート」などの就業状態である人が計36.0％も含まれている。（第1章の図表4参照）

第1部　第6章　非正規労働者の年金

　非正規や短時間の労働者も，老後に稼得手段を失う可能性が高いという点は，正社員と共通している。このため，厚生年金の適用をこうした人たちにも拡大して，所得保障を充実させる必要性がある。

　厚生年金のこれまでの適用基準は，1980年に当時の厚生省保険局保険課長から各都道府県民生主管部局あてに出された行政文書（内かん）によって規定されていた。労働時間・日数が通常の労働者の4分の3以上であれば，パート労働者でも厚生年金の被保険者とするという内容である。この基準は，当時の雇用保険法による短時間労働者の取り扱い，人事院規則による非常勤職員の取り扱いを

〈図表17〉　短時間労働者への国民年金・厚生年金の適用

```
┌─────────────────────────────────────────────────┐
│ 1日または1週間の所定労働時間、1カ月の所定労働日数がそれぞれ当該事業 │
│ 所において同種の業務に従事する通常の就労者のおおむね4分の3以上であるか │
└─────────────────────────────────────────────────┘
      │4分の3以上である         │4分の3未満である
      │                         ▼
      │              ┌──────────────────┐
      │              │ 被用者年金制度の被保険者の │
      │              │ 配偶者であるか            │
      │              └──────────────────┘
      │                 │配偶者ではない    │配偶者である
      │                 │                  ▼
      │                 │        ┌──────────────────┐
      │                 │        │ 年間収入が130万円以上(※)と │
      │                 │        │ 見込まれるか              │
      │                 │        └──────────────────┘
      │                 │          │130万円以上である │130万円未満である
      ▼                 ▼          ▼                  ▼
【厚生年金の被保険者】    【国民年金の第1号被保険者】    【国民年金の第3号被保険者】
(国民年金の第2号被保険者)
```

※ここでいう「収入」には結与の他，資産所得等，継続して入る収入が含まれる（資産所得，事業所得等経費を要するものについては必要経費控除後）。
出典：厚生労働省資料

参考に決められた。

基準に従えば，所定労働時間・日数が4分の3未満であり，被用者年金制度の被保険者の配偶者で年齢が20〜59歳，年収が130万円未満の場合は国民年金の第3号被保険者，それ以外の場合は国民年金の第1号被保険者となる。フローチャートで示せば**図表17**の通りである。

(2) 「週20時間以上」への拡大

今の適用基準は，社会保障・税一体改革の一環として2012年8月に成立した年金法の改正（いわゆる「年金機能強化法」）によって，2016年10月から変更される予定である。現行基準は，所定労働時間・日数が同じ事業所で働く通常の労働者の4分の3以上の人を厚生年金の適用対象としている。正社員の所定労働時間は多くの場合，週40時間なので，おおむね週30時間以上働く人が該当する。新基準は「週20時間以上」とされ，対象が拡大する。

とはいえ，保険料を労使折半で負担する企業の負担増に配慮して，様々な条件が付けられた。具体的には，週20時間以上働くことのほかに，①月額賃金8.8万円以上（年収106万円以上）であること，②勤務期間1年以上であること，③学生は適用を除外する，④従業員501人以上の企業であること，が条件とされたのである。この結果，適用拡大の対象は約25万人にとどまる見通しとなった。

この法改正では，適用対象について3年以内に改めて検討を加え，その結果にもとづいて必要な措置を講じることが条文に明記された。このため，どの範囲までさらに拡大するかが今後，議論になる見通しである。また，法律が成立したとはいえ2016年に改正が施行されるまでの間に，新基準への批判が再燃する可能性もある。以下で

は，法改正に至る議論の経過などを振り返っておきたい。

❷ 適用拡大をめぐる論点

(1) 主な賛成論と反対論

　厚生労働省は長年にわたり厚生年金の適用拡大を目指してきたが，事業主の保険料負担増を警戒する業界団体などからは，適用拡大への反対論が強く，適用拡大の是非をめぐって盛んな論争が繰り広げられた。拡大を目指す意見と，反対論・慎重論をまとめると，おおむね**図表18**のようになる。

(2) 逆転現象

　図表18の中で★印をつけた，標準報酬月額の下限の問題については，若干の説明が必要となる。厚生年金では，個々の被保険者の月収を30等級ある標準報酬のいずれかに当てはめて切りのよい数字に直し，保険料額と年金給付の計算基礎として使用している。最も金額の低い「1等級」は9万8,000円で，月収10万1,000円未満であればすべてこの1等級と見なされる。逆に最も高いのは「30等級」の62万円で，月収60万5,000円以上のすべての人に適用される。

　2012年に成立した年金機能強化法で厚生年金の適用が拡大されることに伴い，標準報酬月額に新たに「8万8,000円」が加わる。既存の等級は1級ずつ繰り下げられ，全部で31等級になる予定だが，以下では便宜上，既存の30等級を前提として説明する。

2 適用拡大をめぐる論点

〈図表18〉 厚生年金の適用拡大をめぐる意見

拡大すべきだという意見	反対論・慎重論
・短時間労働者に対する老後保障を充実させる必要がある。 ・被用者が自営業者と同じ国民年金に加入しているのは適切でない。雇用が流動化する中で，勤め先が変わっても，被用者として同じ制度に加入し続けられるようにすべきだ。 ・正社員とパートの間での保険料負担の公平につながる。 ・現行基準はパートが就業時間を調整したり，短時間労働者の賃金が抑制されたりする要因になっている。就業に中立的な制度にすべきだ。 ・企業が社会保険料負担を嫌うので，フリーターが正社員になりたいのになれないケースもある。 ・年金制度の支え手が拡大し，制度が安定する。 ・労働力人口の減少が見込まれる中，就労調整がなくなって労働供給が増える。労働者の能力発揮につながるため経済発展にも資する（企業の負担増で雇用が減る，という批判への反論）。 ・パートの主婦である第3号被保険者の基礎年金給付のために必要な費用は，厚生年金の加入者全体で負担している。このため，パートを多く雇う企業は，正社員の多い企業に"ただ乗り"する形になっている。適用を拡大すれば，パートが多い産業と少ない産業の間で生じている不公平が是正される。	・負担が増える企業，パート従業員の理解を得られるかどうか。企業行動に与える影響について見極めが必要。 ・年金財政に影響を及ぼす。 ・新たに対象となる低賃金パートの配偶者が第3号被保険者となり，基礎年金分の保険料負担を免れることになれば，過剰な優遇となる。 ・パートの適用基準を変えても，就業調整が残る可能性がある。 ・厚生年金と健康保険とは共通の適用基準が使われてきたので，健保をどうするかの検討も必要となる。 ・標準報酬月額の下限をどうするか。現行の下限（月9万8000円）をそのままにすれば，たとえば月収5万円程度の人でも月収9万8000円と扱われるので，保険料負担が重くなる。だからといって標準報酬の下限を引き下げると，第1号被保険者との逆転が大きくなり，不公平が生じるほか，年金財政の負担も増大する。★

出典：厚生労働省の「女性と年金検討会」，「パート労働者の厚生年金適用に関するワーキンググループ」の議論，業界団体の主張などをもとに著者作成

第1部　第6章　非正規労働者の年金

　ここで問題となるのは，1等級である。厚生年金の保険料率は17.474％（2014年9月～15年8月分）であり，1等級の保険料は9万8,000円にこの率を掛けた月約1万7,000円となる。労使折半なので，このうち本人が支払うのは半額に当たる月約9,000円である。この保険料を支払うことによって，老後は基礎年金に加え，わずかとはいえ厚生年金も受け取ることができる。

　一方，自営業者など国民年金の第1号被保険者の保険料は月約1万5,000円で，この保険料を支払うことによって基礎年金を受給できるが，厚生年金は受給できない。ただ，厚生年金の1等級の人の保険料は，事業主負担分も合わせれば自営業者をやや上回るため，基礎年金に加えて厚生年金も受け取れることが，一応は正当化されているとも言える。

　だが，仮に厚生年金の大幅な適用拡大が実現し，たとえば月収5万円の短時間労働者にも加入が義務づけられたとする。現行の標準報酬等級を変更しなければ，この短時間労働者も1等級に該当するので，月額9万8,000円の人と同じ保険料（労使計約1万7,000円）を負担することになる。これは月収と比べて過大な負担であると言えるだろう。そこで仮に，標準報酬の下限を現行の9万8,000円から5万円に引き下げると，この短時間労働者の負担する保険料は労使合計で月約9,000円，本人負担分だけで見ると月4,000円余りとなる。自営業者の国民年金保険料である月約1万5,000円を労使合計で見ても下回るが，この低い保険料で基礎年金だけでなく厚生年金も受け取れる。

　実際には自営業者も低所得であれば保険料免除の対象となるため，単純に逆転現象と論じて良いかどうかは意見が分かれるかもしれない。だが，やはり不公平感が大きくなることは避けられないであろ

う。さらに，仮にこの短時間労働者に扶養される配偶者がいて，第3号被保険者となって自分で保険料を払わなくても基礎年金を受け取れるとすれば，不公平感はさらに強まることが必至といえる。

❸ 改革の経緯と今後

　厚生労働省はかつて，2004年改正に向けた検討過程で，「週の所定労働時間が20時間以上，または，年収65万円以上」にまで適用対象を広げる案を社会保障審議会年金部会に示したことがある。仮にこの改正が実現すれば，新たに最大約400万人の短時間労働者が厚生年金に加入すると見込まれたが，業界団体の反発に配慮した与党の自民，公明両党の判断で，制度改正は実現しなかった。

　その後，2007年に政府が国会に提出した被用者年金一元化法案には——この法案は厚生年金と共済年金を統合することが主な内容だが——厚生年金の適用基準変更案も盛り込まれた。2004年改正の苦い経験から，厚生労働省はこの法案で，適用拡大をごく小幅にとどめた。週所定労働時間が20時間以上という条件は前回と同じだが，年収要件の設定が見送られたほか，①賃金が月額9万8,000円以上，②勤務期間が1年以上，③学生は適用対象外とする，④従業員300人以下の中小零細事業主には適用を猶予，という条件が付け加えられた。この結果，新たに厚生年金に加入する短時間労働者は10～20万人にとどまり，前回案で想定された400万人より大幅に少なくなった。厚労省はこのような大幅な譲歩によって，やっと与党の了承を得て適用拡大を法案に盛り込むことができたが，一元化法案

第 1 部　第 6 章 非正規労働者の年金

自体が 2009 年 7 月の衆院解散で審議未了・廃案になった。

　2012 年に実現した今回の法改正は，前回の一元化法案の条件を一部変更し，新たな適用対象が約 25 万人と若干増えた。とはいえ，厚生労働省が本来目指す適用拡大の範囲から見れば，ごく小幅にとどまっていると言える。非正規労働者の老後の所得保障をどう充実させるかは急を要する課題であるほか，適用拡大で国民年金保険料の対象者数が減ることによって，未納者も減るなどの副次的効果も見込める。改正法が予定通り施行されるかどうか，さらなる拡大がどのように実現するかが注目される。

第7章 官民格差是正と既裁定年金の給付引き下げ

❶ 一元化法の内容

　公的年金の各制度のうち，厚生年金と共済年金は，ともに被用者を対象とする制度であるため，仕組みが比較的似ている。自営業者などの国民年金加入者（第1号被保険者）が定額保険料を負担し，老後に1階部分の基礎年金だけを受給するのに対し，厚生年金と共済年金の加入者はともに，現役時は保険料率にもとづいて保険料を負担し，老後は基礎年金に加え報酬比例部分も受給できる。

　ただ，共済年金には厚生年金とは異なって「職域加算」があり，標準的な加入者は月約2万円を上乗せで受給することができるなど，いわゆる「官民格差」が存在していた（**図表19**）。

　政府は長年にわたり，厚生年金と共済年金を統合する方針を掲げてきた。制度の統合で規模を拡大することによって財政を安定させること，同じ報酬なら保険料も給付も同じにするという公平性を確保することが目的である。2007年に提出した被用者年金一元化法案は衆院解散で審議未了・廃案となったものの，ほぼ同趣旨の法案が2012年の通常国会に再度提出され，8月に成立した。

　これによって，共済年金（国家公務員，地方公務員，私立学校教職員）

第1部　第7章　官民格差是正と既裁定年金の給付引き下げ

〈図表19〉　厚生年金と共済年金の給付の違い

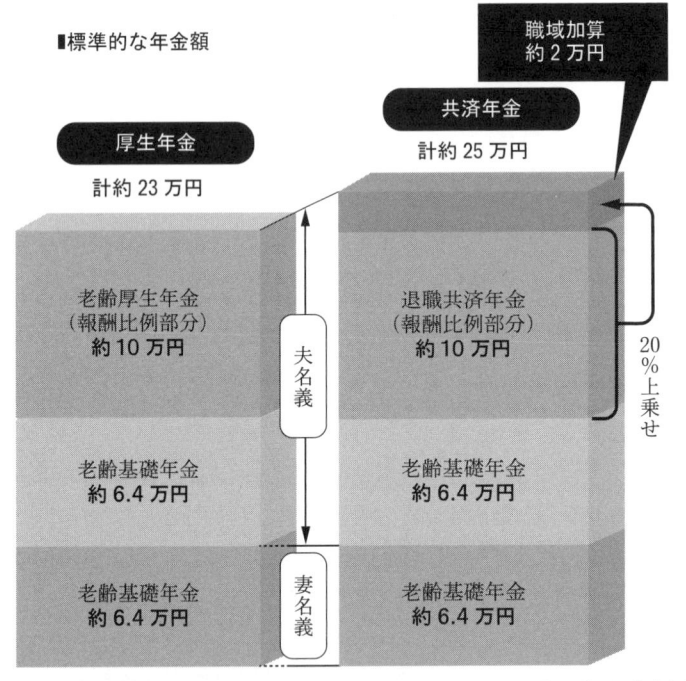

■標準的な年金額

厚生年金　計約23万円

共済年金　計約25万円

職域加算　約2万円

老齢厚生年金（報酬比例部分）約10万円

退職共済年金（報酬比例部分）約10万円

老齢基礎年金　約6.4万円

老齢基礎年金　約6.4万円

夫名義

老齢基礎年金　約6.4万円

老齢基礎年金　約6.4万円

妻名義

20％上乗せ

※金額は月額。ともに夫は40年加入で平均報酬月額36万円，妻はずっと専業主婦などの想定で厚生労働省試算
出典：第7回社会保障審議会年金部会（2011年12月1日）資料をもとに著者作成

は3制度とも将来に向けて廃止されることになり，加入対象者は2015年10月から厚生年金に加入することになった。職域加算は廃止となるが，その代わり民間の企業年金に相当する新たな年金制度が創設されることが決まった。現在は共済年金加入者のほうが厚生年金より低い保険料率については，2018年以降，厚生年金と同じ保険料率18.3％に統一される（私学教職員は27年に統一）。

さらに、共済年金には、遺族年金を受給している人が亡くなった場合、一定の条件を満たせば別の遺族が引き継いで受給できる制度（転給）があるが、廃止される。その他の制度上の違いは、基本的には厚生年金に揃えて解消される。ただし、多数の職員がいる各共済の事務組織が温存されるなど、一元化が徹底しない部分も残された。

❷ 給付減額

　特に注目されるのは、公務員を退職した人が受給している既裁定の共済年金が最大で10％減額されたことである。これは、過去の恩給期間に対応する給付のために投入されている「追加費用」という税負担を削減することが目的である。

　さらに詳しく見ていこう。現行の国家公務員共済年金と地方公務員共済年金は、使用者である国や自治体と公務員本人が保険料を折半しているが、共済年金の前身である恩給制度は税でまかなわれていた。国家公務員は1959年、地方公務員は1962年に恩給から共済年金に制度の切り替えが行われ、その時点で在職していた公務員については老後に共済年金を支給し、①切り替え以前に公務員として働いていた期間についても、老後の年金額を計算する際には便宜上、共済年金の加入期間と同様に扱う、②切り替え以前の期間に対応する共済年金の給付財源は、元来は保険料財源ではなく税による恩給としての支給が予定されていたことを踏まえ、税による「追加費用」でまかなう──とされた（**図表20**）。

第1部　第7章 官民格差是正と既裁定年金の給付引き下げ

〈図表20〉　追加費用とは（イメージ図）

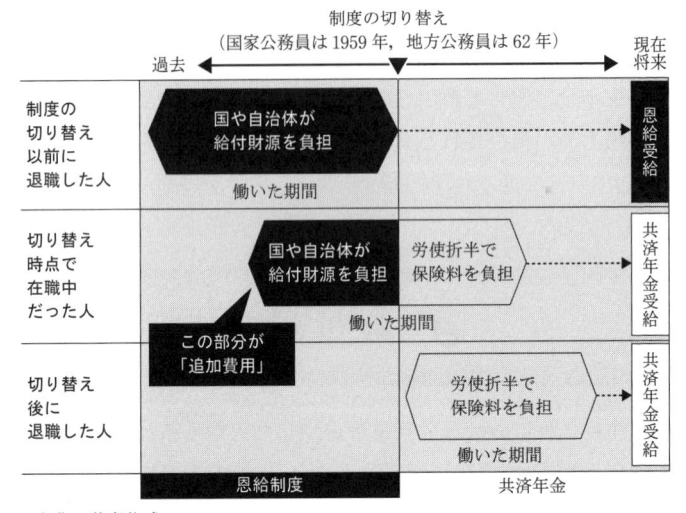

制度の切り替え
（国家公務員は1959年，地方公務員は62年）

出典：著者作成

　追加費用の額は国と地方を合わせて年1兆円超にのぼっており，こうした税財源の投入が「官への優遇」だとして批判を受けていたことから，追加費用でまかなわれている給付の一部を削減することにしたのである。

　この結果，恩給制度のもとで働いていたことがある退職共済年金の受給者は基本的に，恩給時代に対応する部分の27％が減額されることになった。共済年金制度に切り替わってからの加入期間相当分の年金は，減額の対象とならない。これは，本人が拠出した保険料に対応する部分は権利性が強く，給付を引き下げるのは適当でない，と法案作成時に政府・与党が判断したためである。

　27％という数字の根拠は，次のように説明されている。恩給が共

済年金に切り替わった時点で，共済年金の掛金は俸給の 8.8%とされており，本人負担はその半分に当たる 4.4%だった。一方，恩給の財源は税でまかなわれていたが，切り替え前には「恩給納金」として，本人から俸給の 2.0%が徴収されていた。4.4%と 2.0%の差に当たる 2.4%分を，恩給のほうが共済年金より本人負担が軽かった分と見て，2.4%÷8.8%≒27%を減額することにした。

ただし，減額は恩給期間も含めた共済年金全体の 10%までとし，原則年 230 万円以下の共済年金受給者に対する減額は行わないという配慮措置が設けられた。「10%」という上限は，かつて専業農家の加入する農業者年金の経営移譲年金を平均 9.8%減額したこと (2001 年改正)，および 2006 年に成立した国会議員互助年金廃止法で，受給者に対する減額が最大 10%だったことなどを参考にして決められた。

❸ 憲法 29 条との関係

政府は従来，既裁定の公的年金の減額には慎重な姿勢を取ってきた。既裁定年金は憲法 29 条が定める財産権に当たるというのが政府の見解であり，29 条 1 項が「財産権は，これを侵してはならない」と定めていることなどから，相当の理由がないと減額できないと考えているからである。

ただ，29 条 2 項は「財産権の内容は，公共の福祉に適合するやうに，法律でこれを定める」と規定しており，財産権の不可侵を原則に掲げながらも，公共の福祉の観点からの制約がありうるとして

第1部 第7章 官民格差是正と既裁定年金の給付引き下げ

いる。

　今回の減額は，厚生年金と共済年金の統合によって財政を安定させ，官民格差をなくす立法措置の一環である。目的に公共性があることなどを踏まえ，「最大10％」などの配慮措置を設けた上で，既裁定年金の減額に踏み切ったのである。公的年金の財政が厳しさを増す中，今後も既裁定年金の減額がさまざまな形で議論になると予想され，今回の公務員の減額はそのリーディングケースとして注目されそうである。

第8章　女性と年金

I　女性の年金問題とは

　今の公的年金制度は，厚生年金のモデル世帯で「ずっと専業主婦で，一度も会社勤めをしたことがない」妻が想定されていることに象徴されるように，女性の多くが結婚すれば専業主婦になることを想定して制度が設計されている。だが，女性の多くが結婚して専業主婦となり，離婚はしない，という標準的な女性像は，晩婚化・非婚化や共働きの増加などで大きく変化してきている。女性の意識や暮らしの実態は大きく変わってきたのに，年金制度は対応が遅れており，時代に合わない面が出てきている。

　女性と年金をめぐる問題点については，公的年金の2004年改正に先立って厚生労働省が設けた「女性のライフスタイルの変化等に対応した年金の在り方に関する検討会」（以下，「女性と年金検討会」と表記）で本格的な議論が行われ，報告書が取りまとめられた。だが，検討会の提言のうち実際の制度改正に結びついたのは離婚時の年金分割など一部にとどまり，依然として多くが積み残しの課題になっている。

　女性と年金をめぐる問題点は多岐にわたるが，第3号被保険者制度の是非，モデル年金のあり方，遺族年金，離婚時の年金分割，育

第1部　第8章　女性と年金

児期間への配慮——などが主要な論点である。このほか，すでに取り上げた短時間労働者への厚生年金の適用拡大も，女性との関わりが深い。

II　第3号被保険者制度

❶　現行制度

(1) 1985年改正

サラリーマン世帯の専業主婦は，現行制度では国民年金の第3号被保険者とされ，自分で個別に保険料を払わなくても老齢基礎年金を受け取れる。この制度に対して「専業主婦を優遇し過ぎている」などの批判が強い。

第3号被保険者は2013年3月末現在で960万人おり，約99％が女性だが，男性も11万人いる。（**図表21**）

第3号被保険者制度が公的年金の1985年改正で設けられる以前には，民間の被用者に扶養される妻の老後費用は，加給年金を含む夫の厚生年金でまかなうという考え方で制度が設計されていた。妻は年金制度の強制加入対象ではなかったが，保険料を払って国民年金に任意で加入できることになっていた。こうした制度については①任意加入しなかった妻が離婚したり障害を負ったりした場合には無年金になる，②任意加入した世帯では過剰給付になる場合がある，などの問題があった。

Ⅱ 第3号被保険者制度 1 現行制度

〈図表21〉 公的年金の男女別加入者数

(2012年度末現在,単位:万人)

	総　数	第1号被保険者	被用者年金被保険者 (第2号被保険者等)		第3号被保険者
			厚生年金保険	共済組合	
総　数	6,736	1,864	3,472	440	960
男　子	3,475	956	2,228	279	11
女　子	3,261	907	1,244	161	949

注1.第1号被保険者には,任意加入被保険者を含む。
　2.「被用者年金被保険者」は,国民年金第2号被保険者のほか,65歳以上で老齢または退職を支給事由とする年金給付の受給権を有する被保険者を含む。
出典:厚生労働省「平成24年度厚生年金保険・国民年金事業の概況」

そこで85年改正では,サラリーマン世帯の専業主婦も第3号被保険者として,国民年金への加入を義務づけた。ただ,通常は所得のない第3号被保険者に基礎年金を支給するための費用については,独自の保険料納付は求めず,夫の加入する被用者年金の被保険者全体の保険料拠出によってまかなうことにした。専業主婦の夫だけでなく,共働きの男女や単身者も共同で第3号被保険者の分まで費用を負担することになり,このことが今日,3号制度の問題点として,しばしば批判の対象となっている。

85年改正では,給付水準については,夫婦の受給額を合わせれば基本的に改革の前後で変化がないようにした。夫の厚生年金の定額部分と加給年金を,夫婦それぞれの基礎年金に組み替え,夫婦で「夫は厚生年金＋基礎年金,妻は基礎年金」を受給するようにしたのである。

(2) 創設の背景

85年改正当時に厚生省年金局長だった吉原健二氏は編著書で,

第 1 部　第 8 章　女性と年金

専業主婦を強制加入とした背景と理由について,「働く女性の数が著しく増えた」「サラリーマンの妻で国民年金に任意加入している者が, 昭和 55 年にはサラリーマンの妻の 6 割から 7 割にもあたる 750 万人にも達している」「職業, 収入, 性別を問わず, すべての人に年金を保障するというのが制度の理念であり, ……離婚の増加傾向を考えれば, 夫の厚生年金の加給対象になり, 夫が死亡したときに遺族年金を受けられるというだけではサラリーマンの妻の年金権としては不十分である」, と要約している[13]。

さらに吉原氏は同じ編著書で, 妻本人に個別の保険料負担を求めず, 夫の保険料に割り増しも行わなかった理由として,「サラリーマン世帯についてまで個々に収入調査をして保険料の負担能力の有無の認定をすることは実際上不可能である。また保険料を納められる人であっても, 保険料の納め忘れや滞納ということがある。そこで現実的, 実際的な方法として, サラリーマンの妻は 1 人 1 人保険料を納めず, 夫の厚生年金の保険料の中に妻の国民年金の保険料の分も含まれていることにし, 夫と妻の国民年金の保険料分を厚生年金会計から一括して基礎年金の拠出金として国民年金会計の中の基礎年金勘定に払い込むことにした」「妻の基礎年金はこれまでの夫の加給年金を増やして妻名義のものにしたものであると考えれば, これまでどおり夫の保険料でまかなわれていることにしてもそうおかしいことではない」「アメリカやイギリスでも夫の拠出に基づいて妻自身の年金が支給されているし, わが国の健康保険でも夫の保険料で妻や子に保険給付が行われている」「仮に夫の保険料に妻の分を含めるのであれば, 妻がいる場合といない場合で夫の保険料率

---

(13)　吉原健二編著［1987］『新年金法』全国社会保険協会連合会 134～136 頁

に差をつけるべきではないかという意見もあった。それも一つの理屈かも知れないが，健康保険でも妻や子の有無や数によって保険料率に差は設けられていない。それに差をつけるとすれば事務的にもたいへんである」と説明している[14]。

❷ 3号制度をめぐる議論

(1) 賛否の主な意見

第3号被保険者制度に対しては，働く女性を中心に「専業主婦を優遇し過ぎている」などの批判が聞かれる一方，「専業主婦には負担能力がないからやむをえない」などと擁護する意見も根強い。

制度への賛否両論は，おおむね**図表22**のように要約できる。

存続論のうち，表中に★印をつけた「世帯単位で見ると，夫婦の所得の合計が同じであれば，保険料も年金給付も同額である」は，次のような意味である。

例えば，月収が50万円の専業主婦世帯（A世帯）と，夫30万円，妻20万円の共働き世帯（B世帯）という，年齢が同じ2つの世帯について比較してみる。

まず保険料は，A世帯が1カ月当たり「50万円×保険料率×0.5（労使折半）」である。B世帯も「(30万円+20万円)×保険料率×0.5（同）」なので，負担額に差はない。

給付面でも，老齢厚生年金額は基本的に「平均標準報酬（月額）

---

(14) 同136～137頁

第1部　第8章　女性と年金

〈図表22〉　第3号被保険者制度をめぐる意見

制度への批判	存続論
・専業主婦世帯を優遇し過ぎている ・パートが就労時間を調整する原因となり（いわゆる「130万円の壁」），雇用のあり方をゆがめている。女性の社会進出も妨げており，ライフスタイルの選択に中立的でない ・第3号被保険者の夫は賃金を得ているし，第3号の中にも，短時間労働で賃金を得ている人がいる。従って第3号にも負担能力はある。 ・専業主婦は減少傾向にあり，夫の賃金が高くなると専業主婦世帯の割合が高まる実態もあるので，第3号を第2号全体で支えることは社会的に受け容れられない。 ・自営業者の妻や母子家庭の母は，自分で保険料を払わなければならないので不公平だ。 ・育児・介護などの事情がある人はともかく，そうでない人は自ら働かないことを選択しているのに，保険料を納める人と同じ基礎年金が給付されるのは不公平だ。	・働かない主婦にも生活保障が必要だ ・負担能力の欠ける，あるいは低い者への保険料賦課はすべきでない。 ・世帯単位で見ると，夫婦の所得の合計が同じであれば，保険料も年金給付も同額である。★ ・介護や育児のため仕方なく家庭にとどまっている主婦も多い。 ・女性の就労が男性より難しい実態が是正され，男女が等しく働けるようになれば第3号制度を廃止してもよいが，当面は存続すべきだ。 ・当面は厚生年金の適用拡大で第3号の範囲を縮小すればよい。 ・世論調査でも，存続論と廃止論が拮抗している。 ・第3号の保険料は厚生年金の被保険者が負担しており，第1号被保険者は負担していないので，自営業者の妻と単純比較するのは不適当だ。 ・第3号の制度は少子化対策にも寄与している。 ・医療保険でも同様に専業主婦世帯に割り増し保険料を徴収しないと整合性が取れなくなる。

出典：「女性と年金検討会」の議論などをもとに著者作成

×生年月日に応じた乗率×被保険者月数」で金額が決まるので，A世帯とB世帯が同額の報酬を得ていれば，金額は基本的に同じに

Ⅱ 第3号被保険者制度　2 3号制度をめぐる議論

なる。また，両世帯とも夫婦それぞれが基礎年金を受給するが，基礎年金の金額には報酬額が反映しないので，A世帯とB世帯の受給額は同じである。したがって，負担と給付の両面で，2つの世帯の間に損得は存在しない。以上は，厚生労働省が第3号被保険者制度を存続させる根拠として特に強調している点である。

だが，一般の年金加入者にしてみれば，必ずしも自分と世帯年収が同じ世帯とだけの比較で，公平か不公平かを判断しているわけではない。厚労省が上記の論理を持ち出しても，必ずしも理解を得られていないのはこのためである。

また，たとえば夫婦世帯と単身世帯を比較すると，世帯月収が同じ50万円であっても，給付は同額とならない。夫婦世帯が基礎年金2人分を受給できるのに対し，単身世帯は1人分しか受給できないからである。この点を見ても，国民に制度の公平性を納得させる論理とはなりにくいと言える。

(2) 「女性と年金検討会」案

こうしたことから，「女性と年金検討会」は報告書で，次のような6種類の改革案を提示した（**図表23**）。

第Ⅰ案は，いわゆる「賃金分割」である。夫の賃金のたとえば半分を妻のものと見なし，夫と妻の双方に厚生年金保険料を賦課し，将来はそれぞれが自分名義の厚生年金を受給できるようにする。妻は家事や育児など様々な形で夫の仕事に協力しているので，払った保険料の一部は妻の分と見なすことができる，という考え方にもとづいている。年金制度の上で妻の貢献を認めることにより，「専業主婦も保険料を自分で払うべきだ」という批判を和らげることが，この案の意図するところである。報告書はこの案について，個人で

第1部　第8章　女性と年金

〈図表23〉　第3号被保険者制度の改革案

現　行	【保険料を負担能力に応じて負担（夫・定率負担）】 通常は所得のない第3号被保険者に独自の保険料負担を求めず，第3号被保険者に係る拠出金負担は，夫の加入する被用者年金制度全体で定率負担する。
第Ⅰ案	【保険料を負担能力に応じて負担（妻・定率負担）】 潜在的な持分権の具体化による賃金分割を行った上で，妻自身にも分割された賃金に対して定率の保険料負担を求める。
第Ⅱ案	【保険料を受益に着目して負担（妻・定額負担）】 第2号被保険者の定率保険料は，第3号被保険者の基礎年金に係る拠出金負担分を除いて設定し，それとは別に，第3号被保険者である妻自身に，第1号被保険者と同額の保険料負担を求める。
第Ⅲ案	【保険料を受益に着目して負担（夫・定額負担）】 第2号被保険者の定率保険料は第Ⅱ案と同様に設定し，第3号被保険者のいる世帯の夫には，それに第1号被保険者の保険料と同額を加算した保険料負担を求める。
第Ⅳ案	【保険料を受益に着目して負担（夫・定率負担）】 まず第2号被保険者の定率保険料を第Ⅱ，Ⅲ案と同様に設定し，第3号被保険者のいる世帯の夫には，それに第3号被保険者に係る拠出金負担に要する費用を第3号被保険者のいる世帯の夫の賃金総額で割った率を加算した保険料負担を求める。
第Ⅴ案	【保険料をより徹底した形で負担能力に応じて負担（夫・定率負担）】 夫の賃金が高くなると専業主婦世帯の割合が高くなることに着目し，高賃金者について，標準報酬上限を引き上げて，保険料の追加負担を求める。
第Ⅵ案	【第3号被保険者を，育児・介護期間中の被扶養配偶者に限定する】 それ以外の期間については，他案のいずれかの方法で保険料負担を求める。

出典：「女性と年金検討会」報告書102～103頁をもとに著者作成

Ⅱ 第3号被保険者制度　2 3号制度をめぐる議論

負担し，個人で給付を受けるという考え方を，応能負担の仕組みを維持しながら実現できるとする。片働きでも共働きでも，夫と妻それぞれについて負担と給付の対応関係がはっきりする。

ただ，報告書も指摘するように，賃金分割の手法が日本の税制，労働法制などの社会制度にあまり組み込まれていない中で，年金制度だけにこうした手法を組み込んでよいかどうかは慎重に考える必要がある。また，第3号被保険者がいる世帯の保険料負担額は，実際には今までと変わらないので，不公平感の根本的な解決にはつながらない。妻分の厚生年金保険料について，事業主に従来通り半分を負担させることができるかという問題もある。

第Ⅱ案は，第3号被保険者本人に，自営業者と同じ国民年金保険料（月約1万5,000円）を負担させる。第3号被保険者分の保険料を厚生年金の加入者全体で負担する仕組みがなくなるので，厚生年金の保険料率はその分だけ下がる。「第3号被保険者は保険料を払っていない」という不公平感を最も直接的に解消できるのは，この案だと思われる。厚労省が同時期に示した試算によると，当時13.58％だった厚生年金の保険料率は，12.5％への引き下げが可能になる。ただ，第3号被保険者に，新たに保険料を負担させてよいかどうかについて，必ずしも国民の合意が得られていないという問題がある。妻が支払う保険料に夫の会社から事業主負担を求める根拠も薄弱である。国民年金保険料が定額であるため，相対的に所得の低い層の負担感が重くなる問題（逆進性）が，サラリーマンの妻の保険料にも持ち込まれる。保険料未納を防ぐ対策も必要となる。

第Ⅲ案は，第Ⅱ案の妻分保険料を，妻ではなく夫から徴収する案である。メリット，デメリットはおおむね第Ⅱ案と共通する。

第Ⅳ案は，第Ⅱ，第Ⅲ案では自営業者と同じ定額保険料とされて

いた第3号被保険者分の保険料を，定率負担として夫の厚生年金保険料率に上乗せする案である。厚労省の試算によると，厚生年金の保険料率13.58％（当時）は，第3号被保険者のいる夫が15.1％，それ以外の被保険者が12.5％となる。第Ⅱ，第Ⅲ案とは異なり，国民年金保険料が定額であることに伴う逆進性の問題は生じない。だが，この案についても，追加的な保険料率に事業主の半額負担を求めることが可能か，などの問題がある。また，Ⅱ～Ⅳ案に共通して言えることであるが，事業主負担を求める場合，企業が第3号被保険者の夫の採用を控えるなど，労働市場に何らかの影響を及ぼす可能性もないとはいえない。

第Ⅴ案は，夫の賃金が高くなると専業主婦世帯となる割合が高まる傾向に着目し，現行は62万円とされている標準報酬月額の上限を引き上げて，賃金の高い厚生年金加入者にはより多くの保険料納付を求める案である。実質的な不公平感の緩和を目指しているが，専業主婦が個別に保険料を負担しないことに変わりはなく，問題の部分的な解決にしかならない。また，保険料を多く納めた加入者は年金額も多くなるので，そのままだと過剰給付が生じる問題もある。

第Ⅵ案は，第3号被保険者を育児・介護期間中の被扶養配偶者に限ることにより，不公平感の緩和を図る案である。これについても部分的な解決策にとどまるのではないか，などの問題がある。

❸ 政府の対応

(1) 2004年改正

　厚生労働省は2004年改正では，第3号被保険者のいる世帯から保険料負担を求めることに慎重な姿勢を崩さず，結局，いずれの案も採用しなかった。ただ，第3号被保険者制度に関連して，若干の改正を行った。

　まず，被扶養配偶者（第3号被保険者）を有する第2号被保険者が負担した保険料は，夫婦が共同して負担したものであることを基本的認識とする旨が，厚生年金保険法に明記された（78条13）。

　その上で，夫婦が離婚した場合に，妻が第3号被保険者だった期間についての厚生年金の年金分割を行う制度（いわゆる「3号分割」）が，2008年4月から施行された。具体的には，第2号被保険者が納付した保険料については，納付記録（標準報酬）を夫婦で半分ずつに分割し，この記録に基づいて，離婚後の元夫，元妻のそれぞれに老齢厚生年金を給付する。第3号の側からの請求で分割が認められ，元夫の同意を得る必要はない[15]。

　この「3号分割」の制度では，夫婦の賃金を2分割して妻も保険料を納付した形になるものの，離婚しない限り年金分割は顕在化しない上に，2008年3月以前に第3号被保険者だった期間は分割対象にならないため，当面は離婚しても妻側が受給する厚生年金額は

---

(15) 2004年改正では，離婚する夫婦の合意または裁判所の決定で厚生年金を分割する「合意分割」も導入されたが，それとは別の制度である。本章V参照。

わずかとなる。このため，不公平感を緩和する効果は限定的だと考えられる。2004年改正では以上見たように，第3号被保険者制度の問題点はあまり改善しなかった。

(2) その後の動き

厚生労働省は2011年9月，第3号被保険者制度の見直し案を社会保障審議会年金部会に示した。第3号の夫の厚生年金保険料を夫婦で2分割し，離婚しなくても老後に夫婦それぞれの名義で厚生年金を半分ずつ支給するという内容で，「女性と年金検討会」の第Ⅰ案同様の考え方である。だが，第3号のいる世帯から新たに保険料を徴収するわけではないため，不公平感の解消につながらないという批判が強く，結局採用されなかった。

第3号被保険者制度の改革案としては，以上とは別に，基礎年金を税方式に切り替えて，基礎年金部分の保険料そのものを廃止する案が提言されている。ただ，本書第2部で検討するように，税方式では社会保険方式の長所である負担と給付の対応関係が失われること，新たに巨額の税財源が必要となることなどから，実現可能性に疑問符がつく。

なお，第3号被保険者制度をめぐっては，本来は第3号の資格を失っているのに，年金の切り替え手続をしていない専業主婦が多数にのぼることも2011年に問題となった。

第3号被保険者となっている主婦は，夫が会社を辞めて自営業者になったり，妻自身のパートでの年収が基準額を超えたりした場合には，資格を失って国民年金の第1号被保険者となる。ところが，厚生労働省の調査結果によると，その手続きを怠り保険料を払わなかった主婦が，現役世代で約42万人，すでに年金を受給している

人で約5万3,000人にのぼっていた。切り替え漏れを防ぐ行政側の対応も不十分だった。

　厚労省はこのような人たちに対し，切り替え漏れで第3号と記録されていた期間分も年金を支給するという救済策を課長通知でいったん実施したが，「まじめに保険料を払った人との間で不公平だ」という強い批判を浴びて撤回に追い込まれた。

　その後，2013年に国民年金法が改正され，未納になっていた人は年金を減らす一方で，3年間の時限措置として過去10年間の未納分の追納が認められることになった。ただ，すでに過払いした年金の返還は求めないなど，きちんと手続をして保険料を納めた人との不公平が残った。

III　モデル世帯

❶　厚労省の想定

(1)　現行モデル

　公的年金の受給額は，人によってまちまちである。基礎年金は給付額が基本的に加入月数に比例するため比較的単純に決まるが，厚生年金は加入月数だけでなく，加入していた期間の報酬額に左右される。さらに，世帯単位で考えた場合，夫と妻それぞれの働き方によって，年金額はまさに千差万別である。

　そこで，厚生年金については便宜上，「モデル世帯」という標準

第1部　第8章　女性と年金

的な被保険者世帯像を想定した上で，給付水準の設定がなされている。厚生労働省が財政検証などの際に行う，将来受け取れる給付水準の説明にも，主としてモデル世帯が用いられる。政府が「給付水準は将来も50％を確保する」というのも，このモデル世帯についてである。

現行の厚生年金のモデル世帯は，次のような世帯が想定されている。

・夫は現役世代男性の平均的な賃金で40年就労
・同い年の妻はその期間ずっと専業主婦

この世帯が現在65歳であれば，受給月額は月約23万円である。内訳は，夫婦それぞれの基礎年金約6.4万円，夫の厚生年金約10万円となっている[16]。

厚生労働省が財政検証などで用いるモデル世帯は，基本的には夫婦ともに65歳時点という想定であり，加給年金や振替加算などの加算部分は捨象されている。第4章で見たように，こうして設定されたモデル世帯の受給額を，現役男子の平均手取り賃金と比較した水準（所得代替率）は足元では62.3％であり（2009年財政検証），厚労省は出生率と経済前提が中位の想定通りに推移した場合，将来も50.1％で下げ止まるという財政検証結果を公表している（第4章の図表11参照）。公的年金の2004年改正では，新規裁定のモデル世帯の所得代替率が将来も50％を上回るようにすること，もし次の財政検証時（5年後）までに50％を下回ると見込まれる場合には，負

---

(16)　夫の収入は平均標準報酬36.0万円として計算している。

担と給付のあり方について再検討して所要の措置を講じることが法定された。

給付水準をわかりやすく表示するためには，なにがしかの物差しが必要であり，モデル年金を設定すること自体は妥当であろう。ただ，国民のライフスタイルの多様化が進む中で，モデルを世帯単位で考え，40年間ずっとサラリーマンだった夫と，専業主婦で一度も外で働いたことのない妻を標準と想定することが妥当かどうかについては，問い直される必要がある。

(2) これまでの経緯

現在のようなモデルが導入されたのは，公的年金の1985年改正以降である。第3号被保険者の項（本章Ⅱ）で見たように，この改正で夫に支給される厚生年金（定額部分＋報酬比例部分＋加給年金）の一部が，妻名義の基礎年金に振り替えられた。

1985年改正に先立つ1980年改正までは，モデルは夫1人の厚生年金（定額部分＋報酬比例部分＋加給年金）であった。一見すると個人単位のようだが，妻は夫の年金で老後を暮らすことが前提だったため，実質的には世帯単位の考え方に立っていたとも言える。片働き世帯を標準的な世帯とする考え方は，厚生年金の制度ができて以来ずっと続いていると考えてよい。

現行は40年とされている標準的な加入期間は，1965年改正では「20年」だった。その後は被保険者の平均加入年数が延びるのに合わせて年金改正のたびに年数が増え，1980年改正では30年となり，85年改正以降は40年とされている。

第 1 部 　第 8 章 　女性と年金

❷ 見直しの議論

(1) 女性と年金検討会

　共働きの世帯数は 1980 年ごろには主に夫だけが働く片働き世帯の 6 割未満だったが，1997 年以降は片働き世帯を上回るようになった。こうしたことから，「女性と年金検討会」の報告書が「モデルとして共働き世帯等を想定し，女性の一定の厚生年金加入期間を前提としたモデル年金を想定していくことが妥当」だと結論づけたほか，有識者の一部からも同様の提言がなされている。ただ，妻が厚生年金に加入したことのある世帯をモデルとする場合でも，女性がどのぐらい働いた世帯を標準と考えるべきか，男女の賃金格差をどの程度考慮するかなど，さまざまな論点がある。「女性と年金検討会」はこの点についても議論したが，結論が出なかった。

　なお，現行モデル年金のあり方については，2009 年の公的年金財政検証が公表された後，国会審議でも当時野党だった民主党によって，たびたび取り上げられた。共働きが増えた実態に合わないなどの指摘に対し，渡辺芳樹・厚労省年金局長（当時）は，①夫が 40 年にわたり厚生年金の被保険者，妻がずっと第 3 号被保険者だった世帯がどれだけ存在するかは把握できない，②今のモデル世帯は，従来と比較する上での物差しとして継続的に使っている——という趣旨の答弁をした。

(2) 給付水準との関係

　モデル世帯の変更は，単に表示方法のあり方にとどまる問題では

Ⅲ　モデル世帯　2　見直しの議論

ない。

　厚生年金の年金額の計算方法を現行のままとした上で、モデル世帯を共働き世帯に変更すれば、モデル世帯の年金額は妻の厚生年金分だけ多くなる。すでに見た通り、現行モデル世帯の年金額は現役世代の平均手取り賃金の5〜6割という考え方で設定されているので、そのままだと過剰給付ということになる。従って厚生年金額の計算方法の変更（給付乗率の引き下げ）につながる可能性が高いと思われる。

　この点について、公的年金の2000年改正時に厚生省年金局年金課長だった大谷泰夫氏の著書は、重要な指摘をしている[17]。やや長くなるが引用したい（年金額は2000年改正当時の水準）。

　「例えば女性の社会参加が究極まで進展して、男女の就労状況等が均等化すれば、標準として用いるモデルは夫婦共働きモデルか、より進んで完全に個人単位化したモデルで示すことが適当になるであろう。その場合、2階部分（報酬比例部分）を持たない専業主婦世帯を標準モデルにした現行の給付水準のままでは過剰給付をもたらすこととなり、おそらくは共働き世帯の老後を標準においた給付水準、そして究極的には世帯でなく個人単位で設計した年金額のモデルに置き換わっていくことになるのではないか。」

　「これを、現在の厚生年金についてあてはめてみると、専業主婦世帯の老後生活を念頭において説明されている年金水準（現行23万8,000円）は、共働き世帯にとってはかなり手厚い年金額……と言え、むしろ共働き世帯のモデル年金額が例えば23万8,000円に置き換わるという考え方もとりうる。」

---

(17)　大谷泰夫［2000］「ミレニアム年金改革」国政情報センター52〜53頁

第1部　第8章　女性と年金

「仮にこれを個人単位のモデルとして置き直すと，1人当たり，基礎年金6万7,000円と2階部分（報酬比例部分）5万2,000円（現在の10万4,000円の半分）の合計で11万9,000円となり，共働き夫婦合計で23万8,000円となる。すなわち，これは2階部分の給付乗率を5割カットしたのと同じ効果になる。したがってこれに基づいて専業主婦世帯の年金額を試算すると，基礎年金2人分（13万4,000円）と2階部分1人分（5万2,000円）を合計した18万6,000円となる。」

　女性と年金検討会の報告書が具体的なモデル設定の提言を見送ったのも，このように給付水準の見直しに直結する問題だからである。報告書はモデル世帯の給付水準がどうあるべきかについては「年金制度全体の給付と負担の関係をどうするかといった観点から，別途議論されるべき問題である」として結論を先送りした。公的年金の給付設計全体にかかわり，「女性と年金」についての検討という課題設定を大きく超える問題なのである。

❸ 厚生労働省の対応

　モデル世帯の見直しそのものは積み残しの課題となっているが，厚生労働省は2004年の年金改正以降，さまざまな世帯類型についての試算を公表している。2009年の財政検証では，**図表24**のような世帯を設定し，所得代替率を試算した。
　このように，モデル世帯そのものを変更しなくても，共働き世帯

Ⅲ　モデル世帯　3　厚生労働省の対応

〈図表24〉　世帯類型別の所得代替率

	現在 (平成21年水準)	2050年
①夫のみ就労の場合 (夫は40年間フルタイムで就労，妻は40年間専業主婦の世帯)	62.3%	50.1%
②40年間共働きの場合 (夫，妻ともに40年間フルタイムで就労する世帯)	48.3%	39.9%
③妻が長期間就労の場合 ・夫は40年間フルタイムで就労，妻は27年と11ヶ月の期間(平成19年度における新規裁定年金(老齢相当[※1])の平均被保険者期間)のみフルタイムで就労する世帯	51.2%	42.1%
④妻が短期間就労の場合 ・夫は40年間フルタイムで就労，妻は7年と1ヶ月の期間(平成19年度における新規裁定年金(通老相当[※1])の平均被保険者期間)のみフルタイムで就労する世帯	58.6%	47.5%
⑤男子単身の場合 ・単身で40年間フルタイムで就労する世帯	43.9%	36.7%
⑥女子単身の場合 ・単身で40年間フルタイムで就労する世帯	55.3%	45.0%

※1　老齢厚生年金のうち，被保険者期間が20年以上，または中高齢特例の適用を受けている被保険者期間15年以上のものを老齢相当といい，老齢厚生年金のうち老齢相当以外のものを通老相当という。
※2　それぞれの世帯類型の65歳時点の年金受給者が，同じ類型の現役世代の手取り賃金の何%を受給できるかを示した。
出典：厚生労働省年金局数理課「平成21年財政検証結果レポート」275～277頁をもとに作成

や単身世帯の年金額と所得代替率を示すことはできる。

　ここで注目されるのは，現行モデル世帯(図表では「①夫のみ就労の場合」)の所得代替率が，その他すべての世帯類型より高くなることである。2050年について見ると，政府が2004年改正で掲げた「所得代替率は将来も50%以上を確保する」が実現しているのは，①の現行モデル世帯(50.1%)だけである。他の世帯類型の所得代

第1部　第8章　女性と年金

替率は，②の「40年共働き」が39.9%，③の「妻が長期間就労」が42.1%，④の「妻が短期間就労」が47.5%，⑤の「男子単身」が36.7%，⑥の「女子単身」が45.0%で，特に共働きと男子単身世帯の所得代替率の低さが際立っている。

①の現行モデル世帯が最も高くなるのは，専業主婦が個別に保険料を負担しなくても基礎年金を受け取れる，第3号被保険者制度の効果が強く出ることが大きな理由である。⑤の男子単身より⑥の女子単身のほうが高くなっているのは，公的年金は基礎年金の部分で所得再分配機能が働くことが理由である（この試算では女性のほうが男性より賃金が低いが，40年加入なので基礎年金は男女ともに同じ満額を受給する想定になっている）。

「50%以上確保」という給付水準の下限設定は，当時の自民，公明両党による連立政権のもとで，公明党主導で決まった。国民に対し，将来もそれなりの給付水準が確保されることをアピールする意図があり，このために下限のパーセンテージがなるべく高い数字であることが望ましかったという事情がある。試算結果を見る限り，もしもモデル世帯を見直して妻も就労した世帯に変更すれば，「50%」を下限に設定することが難しく，さらに低い数字にせざるを得なかったことは確かである。

Ⅳ 遺族年金

❶ 遺族年金をめぐる状況

　遺族年金は，一家の生計を維持する公的年金の加入者や受給者が死亡した場合，残された遺族の暮らしを支える重要な機能を担っている。ただ，結婚した女性が働くことが現在ほど一般的でなかった時代から続く制度だけに，共働きが増えるなど国民のライフスタイルの変化に伴って，見直しの必要性が強まっている。例えば子供のいる専業主婦世帯にとっては，残された妻や子の所得保障のために依然として制度の必要性は高い。だが，共働きで子供のいない世帯や単身世帯にとって，制度の必要性は相対的に低い。また，後述するように，共働きの妻が自分で支払った厚生年金保険料が「掛け捨て」に近い状態になる問題も生じている。

　遺族基礎年金と遺族厚生年金の給付は，国民年金と厚生年金の保険料，年金積立金，および基礎年金への国庫負担を財源としてまかなわれている。遺族年金のための保険料が別個に徴収されているわけではなく，老齢年金と同じ財布からまかなわれている。遺族年金の必要性が高い専業主婦世帯のために，リスクが相対的に少ない共働きや単身の世帯が支払う保険料の一部が回っているという見方もできる。

　少子高齢化で年金財政が厳しさを増す中，遺族年金は受給額の引

き下げ,受給資格の厳格化,受給期間の有期化などが議論の俎上にのぼっている。また,将来,働いて老後に自分名義の厚生年金を受給する女性の割合が高まれば,遺族年金制度そのものの存在意義が,現在よりかなり低下する可能性もある。

❷ 改革の経緯

(1) 「掛け捨て」問題

遺族年金に関して,特に働く女性から批判が強かったのは,「遺族厚生年金を受給すると,自分名義の老齢厚生年金を受け取れなくなる」という問題である。

例えば夫の遺族厚生年金を受給しながら会社で働いていた妻は,65歳になると,自分名義の老齢基礎年金を受け取れるようになる。公的年金の2004年改正が行われる以前には,その時点で,老齢基礎年金のほかにどんな年金を受け取るのかについて,次の3つの選択肢があった。①夫の遺族厚生年金,②自分が払った保険料に対応する自分名義の老齢厚生年金,③夫が生きていれば受給するはずだった老齢厚生年金と,自分名義の老齢厚生年金のそれぞれ2分の1,である。

現実には,大部分の妻が自分名義の老齢厚生年金を放棄し,①(夫の遺族厚生年金)を選択していた。夫の遺族厚生年金は,夫が受給するはずだった老齢厚生年金の4分の3が基本額となっている。共働きなどで厚生年金に加入していたことのある妻でも①を選択すると有利になるのは,男女の賃金格差に加え,女性は子育てや介護な

Ⅳ 遺族年金 2 改革の経緯

どのために就労しない期間があることが多く，老齢厚生年金が男性より少なくなりがちな現実があるからである。

これに対し，サラリーマン世帯でずっと専業主婦（第3号被保険者）だった女性が夫に先立たれた場合にも，65歳以降，自分の老齢基礎年金との併給を受けるのは，①（夫の遺族厚生年金）である。つまり，共働きしていた妻の大多数は，せっかく厚生年金保険料を自分で納めていたにもかかわらず，専業主婦だったのと同じ年金を受給することになる。第3号被保険者だった専業主婦は，基礎年金分

〈図表25〉 65歳以降の選択肢（イメージ図）

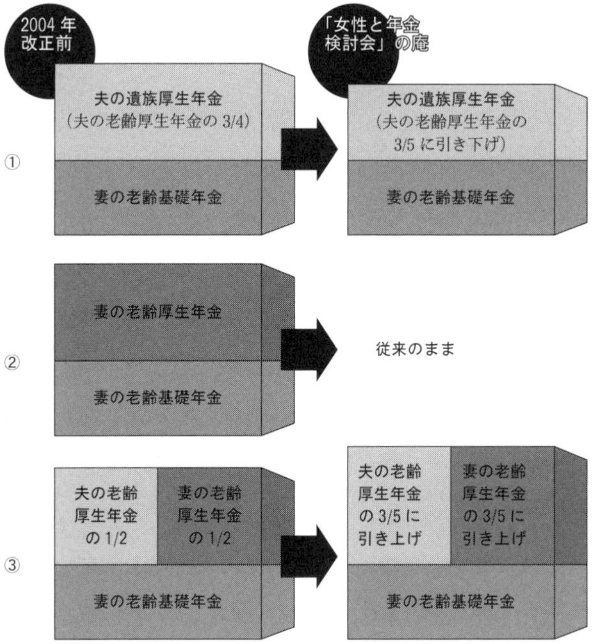

①
2004年改正前：夫の遺族厚生年金（夫の老齢厚生年金の3/4）＋妻の老齢基礎年金
→「女性と年金検討会」の庭：夫の遺族厚生年金（夫の老齢厚生年金の3/5に引き下げ）＋妻の老齢基礎年金

②
妻の老齢厚生年金＋妻の老齢基礎年金
→従来のまま

③
夫の老齢厚生年金の1/2＋妻の老齢厚生年金の1/2＋妻の老齢基礎年金
→夫の老齢厚生年金の3/5に引き上げ＋妻の老齢厚生年金の3/5に引き上げ＋妻の老齢基礎年金

出典：著者作成

の保険料を自分で納めなくて済んでおり，このことがさらに不公平感を大きくしていた。

(2) 「女性と年金検討会」案

「女性と年金検討会」報告書には，「女性自身の貢献がみのる年金制度」を実現する観点から，改革案が盛り込まれた。この案では，遺族厚生年金をこれから受給し始める人の給付水準について，現行の「夫が受給するはずだった老齢厚生年金の4分の3」を「5分の3」に引き下げる。その一方で，65歳以降の選択肢の③について，現行の「夫が受給するはずだった老齢厚生年金と，自分名義の老齢厚生年金のそれぞれ2分の1」を「それぞれ5分の3」に引き上げる。この結果，共働きだった女性にとっての選択肢である③が，より有利になる。以上を図示すれば，**図表25**となる。

このような提案がなされた背景には，遺族年金によって片働き世帯と共働き世帯の間に不均衡が生じている問題が存在する。報告書は次のような例を挙げている（年金額は当時の水準）。

世帯全体での賃金の合計額が月額36万円の，片働き世帯と共働き世帯がある。共働き世帯の賃金は夫22万円，妻14万円である。

片働き世帯も共働き世帯も，保険料と老齢年金額はほぼ同じである。

だが，夫が死亡した場合の遺族年金について見ると，片働き世帯では，妻の老齢基礎年金に加えて遺族厚生年金（夫の老齢厚生年金の4分の3）を受給することになり，その合計は約15万円である。

ところが，共働き世帯の妻は，自分の老齢基礎年金に，夫と自分の老齢厚生年金額の2分の1を合わせた計約12万円しか受給できない。

IV 遺族年金 2 改革の経緯

「女性と年金検討会」報告書の案は，このような不均衡を是正する必要があるという認識のもとに作られた案である。

(3) 2004年改正

専業主婦だった女性の給付水準が下がることには，厚生労働省内に慎重論もあり，検討会の案は結局採用されなかった。その代わりに厚生労働省が2004年改正で採用し，2007年4月から施行された制度改正は，「共働きだった女性は，まず自分名義の老齢厚生年金を全額受け取り，その金額が制度改正前に受け取れたはずの金額より少ない場合には，差額分の遺族厚生年金も受け取れる」という内容である。

この改正が施行されたことにより，共働きだった女性は，自分が納めた厚生年金保険料に対応する老齢厚生年金を全額受給できることになり，その意味では「掛け捨て」ではなくなった。だが，制度改正以前であれば前述の①を選んでいたような女性の場合，自分の老齢厚生年金を受け取ったのと同額の遺族厚生年金が支給停止になってしまう。受給できる金額そのものは，制度改正前と全く変わらない。年金の一部が自分名義になっただけで，どこまで不公平感が解消したかは疑問である。

一方，2004年の年金改正では，このほかに若年期の妻に対する遺族厚生年金の見直しが実現した。改正以前の制度では，遺族厚生年金は本人が再婚した場合を除けば，終身支給だった。だが，子がいなければ就労しやすいという判断から，2007年4月からは，夫の死亡時に30歳未満で子のいない妻については5年間の有期給付とされた。将来はさらに年齢が高い妻についての受給期間の見直し

も，検討の俎上にのぼる可能性がある。

(4) 遺族基礎年金の男女格差是正

その後，2012年に成立した年金機能強化法で，遺族基礎年金の男女差が解消されることになった。従来は女性が亡くなっても，残された父子家庭は遺族基礎年金の支給対象外だったが，2014年4月からは，子のいる「妻」という要件が「配偶者」に改められ，それ以降に遺族となった父子家庭にも支給されるようになったのである。

それまで父子家庭が対象から除かれていたのは，夫が外で働き，妻は家庭という世帯が多かった時代にできた制度だからである。だが，近年は共働き世帯数が専業主婦世帯数を上回るなど，女性も外で働くことが一般的になっている。その一方で男性にも非正規労働者が増え，雇用や賃金が不安定になっている。子育てをしながら十分な収入を得るのは難しい場合も多い。さらに，男性は亡くなると家族に遺族基礎年金を残せるのに，同じように働いて保険料を納めていた女性にそれができないのは，女性に対する不利な扱いだという批判も強まっていた。父子家庭にも支給する制度改正は，こうした状況を受けた措置である。

❸ 残された課題

遺族年金については，まだ様々な問題点が指摘されている。

まず，男女間の取り扱いの差がまだ残っている。遺族厚生年金を夫が受給できるのは，夫が55歳以上の時に妻が死亡した場合とい

う限定が付き，支給も60歳以降である。妻が受給する場合には，このような年齢制限は設けられていない。

　この点に関しては，注目すべき動きがあった。公務員が公務を原因として死亡した場合に支給される遺族補償年金が，厚生年金と同様に夫の受給を制限していることについて，大阪地裁が2013年11月25日，性別で受給権を分けるのは不合理な差別的取り扱いだとして違憲，無効とする判決を下したのである。厚生年金保険法ではなく地方公務員災害補償法に関する事案とはいえ，遺族厚生年金のあり方をめぐる議論に影響を及ぼすと予想される。

　遺族厚生年金をについては，このほか，父母，祖父母を支給対象にしていることについても必要性を疑問視する意見がある。確かに，老齢年金を多くの高齢者が受給できるようになった今日，以前より必要性が薄れていることは否めない。

　さらに，年金法上の遺族と認定されるための「生計を維持されていた」という要件は，具体的には，死亡した被保険者と生計を同じくしており，恒常的な年収が将来にわたって850万円以上にならない場合とされている。この850万円という金額は，社会通念上著しく高額の収入がある者以外は生計を維持されていたと見なすべきだ，という判断のもとに，1994年改正で定められた。だが，真に所得保障が必要な者に給付を重点化する観点から，基準額の引き下げも今後の検討課題となりうる。

　遺族年金が非課税であることについても，老齢年金受給者や一般世帯との公平性の観点から，課税すべきだという意見がある（第10章参照）。

　また，第3号被保険者の項で取り上げたように，夫の賃金から支

払った保険料の一部を妻が負担したと見なす「賃金分割」を導入すべきだという意見もあり，2008年4月からは離婚した場合に限り，第3号被保険者期間についての厚生年金の年金分割を行う制度が施行された。もし仮に将来，賃金分割を離婚時に限定せず導入すれば，年月が経過して制度が定着するにつれて，子を扶養していない高齢期の妻に対する遺族年金の必要性は，現在より低下することになる。

V 離婚時の年金分割

❶ 制度導入の理由

公的年金の2004年改正では，離婚時に夫婦で厚生年金を分割する「年金分割」の制度が導入された。その理由は，主にサラリーマン世帯の専業主婦（国民年金の第3号被保険者）が離婚した場合，老後の年金が過少になるという問題があったからである。

夫が会社員，妻がずっと専業主婦で一度も勤めたことがないという厚生労働省のモデル世帯を考えてみる。この夫婦は老後に，それぞれ自分名義の老齢基礎年金の受給権を得ることができる。基礎年金の満額は，月約6.4万円である。さらに，夫は厚生年金に加入していたので，老齢基礎年金だけでなく自分名義の老齢厚生年金も受給できる。平均的な給与水準だった夫の場合，老齢厚生年金の受給額は月10万円程度となる。

年金分割の制度がなければ，この夫婦が離婚した場合，夫は老齢

V 離婚時の年金分割　1 制度導入の理由

基礎年金と老齢厚生年金の両方で計16万円程度を受け取れるのに対し，妻は約6.4万円の老齢基礎年金だけとなる。妻も結婚前や離婚後に会社勤めをして厚生年金に加入した場合には，自分名義の老齢厚生年金を受給できるが，男女間の賃金格差が大きい現実もあり，働いた期間が短ければ受給額は少ない。

　現行制度は世帯単位を基本に設計されており，夫婦は老後を，［各自の老齢基礎年金 ＋ 夫の老齢厚生年金］で暮らすことがモデルとして想定されている。離婚すると，夫は過剰給付となる一方で，妻は過少給付となる。夫が会社員として働き続けることができたことに，妻が家事や育児，老親の介護などさまざまな形で貢献していたとしても，年金額には反映しない。実際には，妻が高い賃金とその結果としての厚生年金受給をあきらめて専業主婦となった結果，夫が充実した厚生年金を受給しているケースが少なくないと思われる。以上のような点は，離婚が少なかった時代にはあまり問題視されなかったが，離婚の増加とともに是正の必要性が強まったのである。

　公的年金の受給権は，長期にわたり国民の生活の安定を図る趣旨から，各年金法で「譲り渡し，担保に供し，又は差し押さえることができない」（国民年金法24条など）と規定されており，一身専属の権利である。年金分割は，そのいわば例外として実現した制度である。

第1部　第8章　女性と年金

❷ 2004年改正

(1) 合意分割

2004年改正で導入された制度は，いわゆる「合意分割」と「3号分割」の2つである。このうち，「合意分割」は，2007年4月から施行された。基本的な仕組みは，次の通りである。

- 離婚する夫婦は，婚姻期間中に納めた厚生年金保険料の納付記録（標準報酬）を，当事者間で分割できる。
- 2007年4月1日以降に成立した離婚を対象とする。
- 分割割合，すなわち分割を受ける人の厚生年金保険料納付記録の持ち分は，5割が上限となる。従って当該期間について，分割を受ける側のほうが年金額が多くなることはない。
- 分割割合は当事者間の協議で決め，年金事務所に厚生年金の分割を請求する。話し合いがつかない場合，当事者の一方の求めにより，家庭裁判所が分割割合を定める。

納付記録の分割を受けた側は，自分自身の納付記録と合わせ，自分の受給年齢に達した時から自分名義の老齢厚生年金を受け取ることができる。元配偶者が死亡しても，受給が止まったり受給額が減ったりすることはない。また，基礎年金は分割の対象にならない。

(2) 3号分割

「3号分割」は，2008年4月から施行された。第3号被保険者だっ

た人が離婚した場合，その期間に相当する配偶者の厚生年金の納付記録（標準報酬）を2分の1に分割し，夫婦それぞれが自分の受給年齢に達した時点から，自分名義の老齢厚生年金を受給するという制度である。分割の対象となるのは，制度施行後の婚姻期間に対応する納付記録に限られる。分割の請求は，第3号被保険者だった人からだけでよい。分割割合は2分の1に固定されており，他の割合での分割はできない。元配偶者が死亡しても，分割を受けた側の受給が止まったり受給額が減ったりすることはない。基礎年金は分割の対象とならない。

この制度を創設する前提として，厚生年金保険法に，第3号被保険者の配偶者である第2号被保険者——すなわち典型的には専業主婦世帯の夫であるサラリーマン——が負担した厚生年金保険料は，夫婦が共同で負担したものであることを基本的認識とする旨が明記されたことは，すでに見た通りである。

〈図表26〉 合意分割と3号分割の違い

	合意分割	3号分割
施行時期	2007年4月	2008年4月
分割対象	婚姻期間（制度施行前の期間も含む）の厚生年金保険料納付記録。共働きも制度を利用できる。	2008年4月以降の婚姻期間に，第3号被保険者の配偶者が保険料を納付した厚生年金保険料納付記録。共働きだった期間は対象外。
分割割合	当事者の合意または裁判所の決定による。分割を受ける側の持ち分は自分の分と合わせて最大で5割まで。	2分の1

出典：著者作成

第1部　第8章　女性と年金

合意分割と3号分割の主な違いを整理すると，**図表26**の通りである。

(3) 制度の利用状況

厚生労働省の調べによると，合意分割が始まった初年度である2007年度には全国で8,586組，2012年度には1万8,252組が同制度によって記録の分割を受けた。

年金を分割して減る側は「第1号改定者」，分割を受けて増える側は「第2号改定者」と呼ばれる。夫が第1号改定者，妻が第2号改定者となるケースが大半だと思われる。2012年度について見ると，第1号，第2号ともに40〜44歳が最も多いことが見て取れる（**図表27**）。

〈図表27〉　分割改定者の年齢

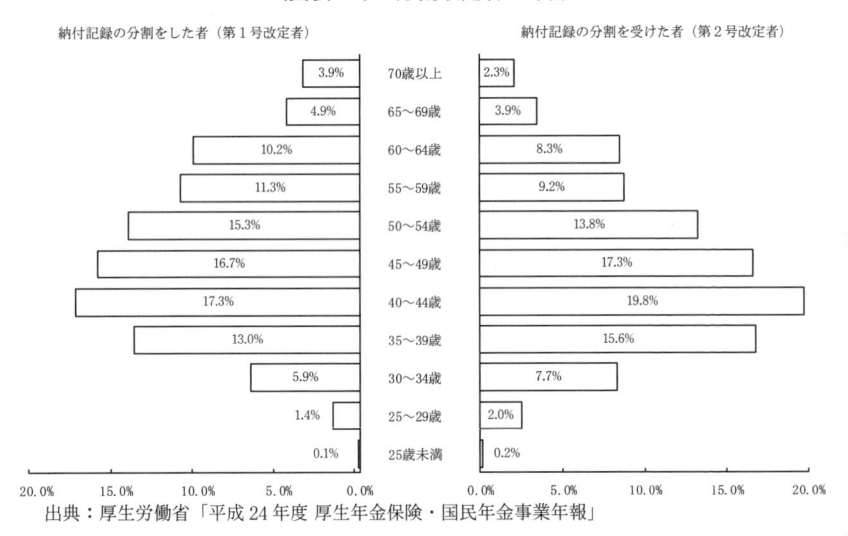

納付記録の分割をした者（第1号改定者）

年齢	第1号改定者	第2号改定者
70歳以上	3.9%	2.3%
65〜69歳	4.9%	3.9%
60〜64歳	10.2%	8.3%
55〜59歳	11.3%	9.2%
50〜54歳	15.3%	13.8%
45〜49歳	16.7%	17.3%
40〜44歳	17.3%	19.8%
35〜39歳	13.0%	15.6%
30〜34歳	5.9%	7.7%
25〜29歳	1.4%	2.0%
25歳未満	0.1%	0.2%

出典：厚生労働省「平成24年度 厚生年金保険・国民年金事業年報」

Ⅴ 離婚時の年金分割 2 2004年改正

〈図表28〉 分割対象期間（2012年度）

以上 未満～5年	5年～10年	10年～15年	15年～20年	20年～25年	25年～30年	30年～35年	35年～40年	40年～
2.9%	13.0%	18.0%	17.7%	15.7%	13.0%	8.4%	6.0%	5.2%

出典：厚生労働省「平成23年度 厚生年金保険・国民年金事業年報」

2012年度について分割された納付期間の長さを見ると、10年以上15年未満が18.0%で最も多く、次いで15年以上20年未満が17.7%などとなっている（**図表28**）。分割割合は全体の95%が上限の50%だった。

2012年度の年金分割の対象者のうち、すでに年金の受給権を持つ人について分割前後の年金額の変動を見ると、平均で月3万1,000円程度、第1号が減って第2号が増えている。

一方、3号分割は、合意分割と併用したケースを除けば、2012年度までの5年間に2457組が利用した。ただ、2008年4月以降の婚姻期間しか分割対象にならないことから、すでに受給権のある女性の年金増額は平均で月2343円（2012年度）でしかない。

(4) 2つの制度ができた理由

「合意分割」と「3号分割」という2種類の制度ができたのは、次のような経緯からである。

本章Ⅱで第3号被保険者制度について触れた中で、「女性と年金検討会」が第3号被保険者制度をめぐる不公平感の問題を解決するために、6つの具体案を提示したことを紹介した。このうち第Ⅰ案はいわゆる「賃金分割」案で、第2号被保険者（夫）の賃金を夫婦で分割し、夫婦それぞれが厚生年金保険料を支払ったと見なすことにより、老後に夫婦それぞれの名義で厚生年金を支給するという内

容である。専業主婦世帯に新たな負担を求めるわけではないものの，形式的には妻自身にも保険料が賦課された扱いになり，個人単位で負担と給付の対応関係がより明確になる。

厚生労働省はこの案をベースに，2003年11月，「婚姻継続中の年金分割」という具体案を公表した。この案では，第3号被保険者の配偶者の厚生年金保険料納付記録を自動的に夫婦で2分の1ずつに分割し，離婚しなくても老後は夫婦それぞれに2分の1ずつの老齢厚生年金を給付することになっていた。

だが，当時与党だった自民党内などに，家族のあり方が変質するという慎重論があり，厚生労働省は結局，この案の実現を見送った。代わりに，分割を離婚時に限定した「3号分割」が与党の了承を得て，実現したのである。ただ，この案だけでは過去の加入期間に分割の効果が及ばないこと，共働き世帯も年金分割の対象とする必要があることなどから，「合意分割」の制度も設けられることになった。

年金分割の制度が実現したことにより，離婚した女性の老後の所得保障は改善した。ただ，3号分割の対象が専業主婦などに限られ，賃金が低い共働き女性には恩恵が及ばないなど，まだ制度に改善の余地も残されている。

VI 育児期間への配慮　1 支援の必要性

VI 育児期間への配慮

❶ 支援の必要性

　日本では少子化が急速に進んでいる。2012年の出生数は約104万人にとどまり，合計特殊出生率（1人の女性が一生に産む子供数の推計値）は，やや改善の傾向が見られるものの，1.41である（**図表29**）。さらに，国立社会保障・人口問題研究所が公表した「日本の

〈図表29〉　出生数と合計特殊出生率の推移

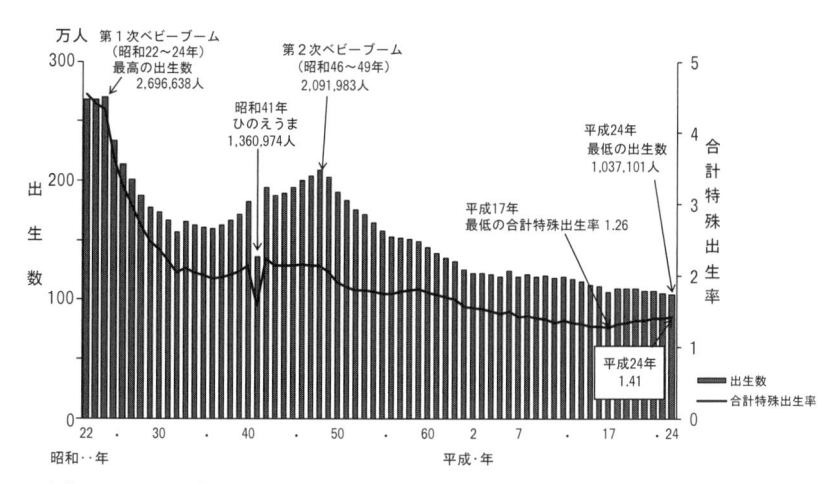

出典：厚生労働省「平成24年 人口動態統計月報年計（概数）の概況」

第 1 部　第 8 章　女性と年金

将来推計人口（2012 年 1 月推計）」の中位推計によると，合計特殊出生率は 2060 年に 1.35 になるとされている。仮にこの推計通りに推移した場合，日本の総人口は 2060 年には 8674 万人にまで落ち込む。

　政府はこれまで，1989 年に合計特殊出生率が 1.57 に急落した「1.57 ショック」をきっかけに少子化対策を本格化させ，「エンゼルプラン」(1994 年)，「新エンゼルプラン」(1999 年)，「子ども・子育て応援プラン」(2004 年)，「子ども・子育てビジョン」(2010 年) などを策定して対策に取り組んできた。また，消費税率を 10％に引き上げる改正消費税法が 2012 年に成立し，増税で新たに得られる財源のうち年 7,000 億円を子ども・子育て支援に振り向けることになった。

　賦課方式を基本とする現行の公的年金財政にとって，少子化による将来の支え手の減少は大きな問題である。このため，年金制度の枠内でも少子化対策を行う必要性が指摘され，これまでに育児休業期間中は，厚生年金保険料の支払いを，本人，事業主ともに免除するなどの制度改正が実現した。言うまでもなく育児は男女がともに取り組むべき課題であり，支援すべき対象が女性だけに限定されないのは当然であるが，年金改革の議論では，比較的女性にかかわりの深いテーマととらえて議論されてきた経緯があるため，ここで取り上げる。

❷ これまでの対策

(1) 保険料免除

まず、これまでに講じられた対策の内容を見ていきたい。

1歳未満の子供を養育している労働者は、就業規則などの規定の有無にかかわらず、男女の区別なく育児休業を取得する権利が育児・介護休業法で認められている。保育所に入所できないなど、やむを得ない事情がある場合には、1歳6か月になるまでの取得が認められている。

労働者が育児休業を取得した場合の厚生年金保険料の免除は、まず1994年改正で、本人負担分だけについて導入された。だが、事業主が保険料を徴収されるため従業員が休業を取得しにくいケースがあったことから、2000年改正で事業主負担についても免除された。給付額の計算上は、育児休業取得直前の標準報酬で保険料納付が行われたものとして取り扱われることになっている。

保険料免除の対象となる期間は2004年改正で、それまでの「子が1歳未満」から、「子が3歳未満」に延長された。勤め先の事業所が、独自に法定の育児休業制度を超える制度を設けている場合に、適用を受けることができる。保険料免除を受けている人数は、2002年度末の約6万7,000人から、2012年度末には約21万4,000人へと10年間で約3倍に増えた。

2004年改正ではこのほか、子育てのための短時間勤務で給与が下がった場合、申請すれば、子供が生まれる前の標準報酬が続いていたと見なして老齢年金額を計算する「従前標準報酬月額みなし措

置」も導入された。子が3歳に到達するまでが対象となる。

さらに，2012年に成立した年金機能強化法で，育児休業期間中だけでなく産前産後休業期間（産前6週間，産後8週間）についても，2014年4月から厚生年金保険料が本人負担分，事業主負担分ともに免除されることになった。

(2) 改正の背景

厚生労働省が年金制度での育児支援を徐々に拡充してきた背景として，世論調査結果などで対策を求める意見が多数を占めていた事実を指摘できる。内閣府の「公的年金制度に関する世論調査」（2003年2月）では，「年金制度においても保険料の軽減を拡充するなど，子どもを育てることを支援する対策を講じるべきである」という回答が全体の54.1%を占め，「少子化対策は年金制度以外の社会保障施策として実施すべきであり，年金制度で行うことは適当でない」29.7%などの回答を上回った。また，厚労省が行った「年金改革に関する有識者調査」（2003年5月）でも，52.9%が「公的年金制度にとって，制度を支える次の世代の育成を支援することも重要な課題であり，子供を育てることが不利にならないよう，公的年金制度としても，育児期間への配慮措置を拡充すべきだ」と回答している。ただ，41.8%は「公的年金制度は老後の所得保障を行うために運営されており，次世代育成支援はむしろ保育サービスの充実など，公的年金制度以外で考えていくべきだ」と回答している。両調査で否定的な意見がそれぞれ約3割，約4割を占めていた事実は，年金制度でのより本格的な少子化対策をためらわせる要因にもなった。

❸ 今後の課題

(1) 過去の改正の問題点

これまでに講じられた保険料免除などの対策には，まださまざまな課題が指摘されている。

まず，保険料免除は，実際には一部の限られた被保険者にしか恩恵を及ぼしていない。すべての労働者が育児休業を取得する（できる）わけではないからである。厚生労働省の「雇用均等基本調査」（2012年度）によると，女性の育児休業取得率は83.6％だが，男性は以前より増えたとはいえ1.89％にとどまっている。育児を支援するという観点から見ると，男性の労働者に対しては，保険料免除制度は少子化対策としての効果をあまり上げていないといえる。

また，同じ調査で，事業所が育児休業制度について就業規則などに規定している割合は，事業所規模5人以上では72.4％，30人以上では94.2％となっている。このうち最長で子が何歳になるまで育児休業を取れるかを見ると，86.4％は法定通りの1歳6か月であり，1歳6カ月を超える期間が規定されている割合は13.7％しかなかった。公的年金の2004年改正で，厚生年金の保険料免除を受けられる期間が最長で子が3歳になるまでに延長されたが，制度改正の恩恵を受けることができる労働者はごく一部に過ぎないことになる。

しかも，そもそも第1子出産後の女性の就業継続率は4割程度に過ぎないと見られている。育児休業を取得せず，出産を機に会社を退職せざるを得ない女性が多いのが実情である。

また，自営業者や短時間労働者など国民年金の第1号被保険者向

第1部　第8章　女性と年金

けには子育て支援のための保険料免除制度が存在しない。年金機能強化法の附則には，国民年金についても産前産後期間中の保険料免除が検討課題として盛り込まれたものの，今のところ実現のめどは立っていない。

(2) 改革の選択肢

もし仮に，年金制度の枠内でさらに対策を拡充するとしたら，考えられる手法は大別すれば，①保険料負担を軽減する，②老齢年金の給付を割り増しする，③年金積立金を使った支援を行う，となる。

このうち①については，厚生労働省が2008年9月，社会保障審議会年金部会に提出した「平成16年改正後の残された課題に対する検討の視点」という文書の中で，自営業者も含めた基礎年金（国民年金）加入者全体の負担軽減策として，(a)育児を行っている期間について，申請に基づき保険料を免除し，その期間については保険料納付済み期間と同様の扱いをする，(b)育児の実績に応じて保険料を事後的に還付する，の2案を提示した。ただ，そのために必要な財源を保険料と税のどちらでまかなうか，どの程度の期間を対象とするのか，子供がいない人との公平性をどう考えるかなどについては，今後の検討課題だとした。

②の給付割り増しについては，子育てをした人としない人の間で老後の生活費にさほど大きな差があるとは考えにくいこともあり，この案を推す意見は目立たない。③は，厚労省が2004年改正に先立って年金積立金を使った奨学金の創設をいったんは検討したが，採用しなかった経緯がある。大規模保養施設「グリーンピア」などの年金資金を使った事業が無駄遣いだと強い批判を浴びたこともあり，反対論が根強い。

第9章　在職老齢年金

❶　現 行 制 度

　厚生年金を受給している60歳以上の人は，会社などに勤めて厚生年金の被保険者になると，賃金が多くなるほど年金を減額される。この在職老齢年金制度については，働く意欲を損なうという批判が強い。

　在職老齢年金による年金減額は，60～64歳の被保険者に対しては比較的厳しく，65歳以上に対しては緩やかである。また，69歳までは厚生年金保険料を徴収されるが，70歳以上の人は厚生年金の被保険者とならないため，年金減額は適用されるが保険料は徴収されない。

　制度の基本的な部分は次の通りである。まず60～64歳については，賃金月額（ボーナス込みで計算した月収）と老齢厚生年金月額の合計額が28万円（2014年度）を上回る場合，賃金の増加2に対し年金額1が停止される。つまり，たとえば賃金が2万円増えると，減額幅が1万円大きくなる。さらに，賃金が46万円（同）を超える場合は，賃金が増加した分だけ年金が停止される。たとえば賃金が1

111

万円増えると，年金は 1 万円減る。賃金が高くなれば，年金は全額支給停止になることもありうる。

65 歳以上については，賃金月額と厚生年金（報酬比例部分）の合計額が 46 万円（2014 年度）を上回る場合には，賃金の増加 2 に対し，年金額 1 が停止される。賃金が高いと厚生年金の全額支給停止がありうる。基礎年金は在職老齢年金制度の対象とならないため，全額が支給される。

厚生労働省が 2011 年 10 月に公表した推計によると，年金減額の対象者は 60〜64 歳が約 120 万人，65 歳以上が約 10〜20 万人である。

❷ 過去の改正

在職老齢年金制度が設けられているのは，働いて収入のある高齢者に対しても一律に年金を支給すれば，「負担が重くなっていく一方の若年世代の納得を得ることが到底できない」[18] という政策判断からである。また，年金の減額が年金財政に寄与することも理由になっている。厚生労働省が 2011 年に公表した推計によると，在職老齢年金によって減額されている年金は，総額で年 1.1〜1.2 兆円（内訳は 60〜64 歳 1 兆円，65 歳以上約 0.1〜0.2 兆円）にのぼる。

在職老齢年金制度は，公的年金の 1965 年改正で創設された。それまで厚生年金は，支給開始年齢に到達するだけでなく退職することを支給の要件としていたが，低賃金の高齢者は生活が困難なケー

---

[18] 「平成 11 年版 年金白書」177 頁

2 過去の改正

スがあったため，65歳以上の在職者については8割の年金を支給することにしたのである。69年改正では，対象者を60歳代前半にまで拡大し，支給割合は8割から2割までの4段階に分けた。

こうした給付減額の考え方は1985年改正で一転し，65歳以上は年金を減額せず，全額支給することとされた。その後は1989年改正（60歳代前半の支給割合を8割〜2割の7段階に変更），1994年改正（60歳代前半について，賃金の増加に応じ，年金との合計額が連続的に増加するように変更）を経て，2000年改正で65〜69歳の減額が復活した。

制度が現在の形になった2004年改正では，60〜64歳について，それまではどんなに賃金が低くても一律に最低2割を減額していた仕組みが改められ，賃金が低ければ減額されない仕組みになった。その一方で，70歳以上にも減額の対象が広がった。

なお，2000年改正で厚生年金（報酬比例部分）の支給年齢引き上げが決まり，男性は2025年，女性は2030年に完全65歳支給となる。これに伴い，60〜64歳の在職老齢年金は将来なくなることになった。

このように，ほぼ年金改正のたびごとに制度が変更され，いわば右往左往のような状況が続いている。現役世代の理解を得る観点からは年金減額の必要性がある一方で，高齢者の就労意欲が損なわれるという二律背反の中で，その時々の状況に応じて妥協点が模索されてきたのである。

なお，海外では米国が2000年に，勤労収入に応じて年金を減額する仕組みを原則撤廃した。英国やドイツでも，支給開始年齢以降は働いても年金は減額されない。

第1部　第9章　在職老齢年金

❸ 今後の課題

　在職老齢年金で年金受給者の就労調整がどのぐらい起きているかについては，労働経済学の分野で多くの研究が蓄積されている。年金受給者が減額を嫌って就業しなかったり，労働時間を抑えたりする場合があることが実証分析でたびたび確認されている。

　また，現行制度では，厚生年金の適用を受けない働き方をすれば年金を減額されない。このため，就労調整の問題とは別に，非適用事業所で働く労働者との不公平も生じている。虚偽の届け出などで厚生年金の適用を免れている事業所が多い現状が変わらない限り，在職老齢年金制度の改正だけでは解決できない問題である。

　在職老齢年金制度をめぐる近年の動きでは，厚生労働省の社会保障審議会年金部会が2008年11月にまとめた「議論の中間的な整理」の中に，減額基準をさらに緩和し，60～64歳で年金減額が開始される基準（賃金月額と年金が合計28万円）を引き上げる案が盛り込まれた。政府が2011年6月に決定した「社会保障・税一体改革成案」では，60歳代前半の調整限度額を60歳代後半と同じにして，減額を緩和することを検討する方針が示された。今後も制度のあり方をめぐり，各方面で様々な議論が続くと思われる。

第10章 年金課税

❶ 何が問題か

　公的年金に対する課税の見直しは，年金改革をめぐる議論の大きなテーマである。

　現行の税制では，老齢年金受給者は現役世代の給与所得者と比べて適用される控除の額が大きく，所得税や住民税の負担が軽い。また，遺族年金は非課税扱いとされている。こうしたことから，世代間だけでなく，高齢者間でもさまざまな不公平が生じている。

❷ 現行制度

(1) 公的年金等控除

　まず，年金課税の仕組みについて見ていく。

　公的年金の給付のうち，老齢年金は税法上，「雑所得」とされ，基本的には所得税，住民税の課税対象となる。ただし，「公的年金等控除」が適用されることによって，実際の税負担が大幅に軽減さ

第1部 第10章 年金課税

れている。

公的年金等控除の額は，次のように決められている。

```
[①+②] または③の大きい額
① 定額控除           50万円
② 定率控除
  （定額控除後の年金収入）
  360万円までの部分    25%
  720万円までの部分    15%
  720万円を超える部分   5%
③ 最低保障額
  65歳以上           120万円
  65歳未満            70万円
```

このように，65歳以上の年金受給者の最低保障額は120万円とされており，年金がそれより少なければ全額が控除対象となる。

図表30は，所得税について財務省が作成したモデルケースの試算である。夫婦世帯の年金受給者の場合，公的年金等控除に加えて基礎控除と配偶者控除が適用され，支払った医療や介護の保険料も社会保険料控除を受けられるため，年金が205.3万円までは所得税を課税されない。

一方，給与所得者（主に現役世代）の給与には「給与所得控除」が適用されるが，最低保障額は65万円で，公的年金等控除（120万円）より55万円少ない。この影響から，夫婦世帯の給与所得者の課税最低限は年金受給者より低い156.6万円となっている。

公的年金等控除は，高齢者の税負担を軽減する必要があるという

2 現行制度

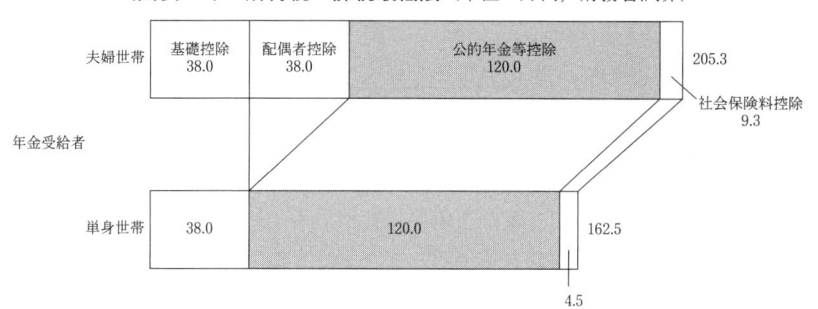

〈図表30〉 所得税の課税最低限 （単位・万円，財務省試算）

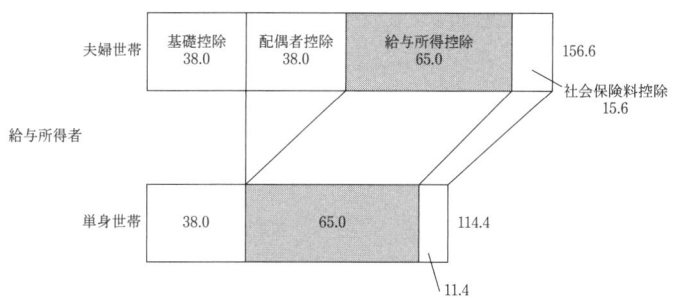

年金受給者

夫婦世帯： 基礎控除 38.0 ／ 配偶者控除 38.0 ／ 公的年金等控除 120.0 ／ 社会保険料控除 9.3 ／ 計 205.3

単身世帯： 38.0 ／ 120.0 ／ 4.5 ／ 計 162.5

給与所得者

夫婦世帯： 基礎控除 38.0 ／ 配偶者控除 38.0 ／ 給与所得控除 65.0 ／ 社会保険料控除 15.6 ／ 計 156.6

単身世帯： 38.0 ／ 65.0 ／ 11.4 ／ 計 114.4

※年金受給者は65歳以上で，夫婦世帯の配偶者は70歳未満と想定。給与所得者の夫婦世帯も子どもがいない場合
出典：財務省資料をもとに著者作成

政策判断から設けられている。だが近年，現役世代は給与が伸びない上に，高齢化で税や保険料の負担が重くなり続けている。厚生労働省の国民生活基礎調査（平成24年）によると，世帯主が65歳以上の世帯では，1人当たり平均年収が190.6万円となっており，全世代の平均（208.3万円）とそれほど大きな開きがあるわけではない。同じ調査で，生活が苦しいと答えた割合は，高齢者世帯（54.0％）より児童のいる世帯（65.3％）のほうが多い。さらに，高齢世代は

117

現役世代より多くの資産を保有している[19]。

社会保障制度改革国民会議は 2013 年 8 月の報告書で「年齢別」の負担から「能力別」の負担への転換を打ち出した。このことに象徴されるように，高齢者にも応分の税負担を求めるべきだという意見が目立つようになっている。

また，年金を受給しながら働いて給与も得ている人は，公的年金等控除と給与所得控除を併用することができる。この点についても，過剰な優遇ではないかという指摘が目立つ。

(2) 遺族年金の非課税

老齢年金は以上のように基本的には課税の対象となるが，遺族年金と障害年金は非課税扱いとされ，所得税も住民税も課税されない。従って，高齢者の間でも遺族年金受給者のほうが，老齢年金受給者と比べて優遇されている。

例えば，ずっと専業主婦で，亡くなった夫の遺族厚生年金を年 140 万円，自分名義の老齢基礎年金を年 70 万円受け取っている女性がいるとする。年金の合計額は 210 万円だが，このうち遺族厚生年金は全額が非課税扱いとされ，老齢基礎年金 70 万円も公的年金等控除の最低保障額（120 万円）の範囲内なので，所得税も住民税も課税されない。

一方，ずっと独り暮らしで会社に勤め，自分名義の老齢厚生年金を年 140 万円，老齢基礎年金を年 70 万円受け取っている別の女性の場合。年金額そのものは前の専業主婦と同じだが，老齢年金の合計額 210 万円は，先の財務省試算による単身世帯の課税最低限（162.5

---

[19] 総務省の平成 21 年全国消費実態調査

万円）を超えており，税金を納めなければならない。これは果たして公平だろうか。

(3) 低所得者対策

問題は税制だけにとどまらない。社会保障制度を中心に講じられているさまざまな低所得者対策は，住民税が非課税かどうかを適用の基準にしている例が多いからだ。

住民税には，「均等割」と「所得割」があり，それぞれに所得税とは異なる「非課税限度額」が設けられている。均等割の非課税限度額のほうが所得割より低く設定されているため，一般に均等割の限度額が住民税の課税最低ラインと認識されている。

均等割の非課税限度額は，所得ベースでは次のように計算される。

$$35万円_{（基本額）} \times （本人＋被扶養者数） + 21万円_{（加算額。単身者は対象外）}$$

計算式の金額は生活保護基準の級地区分によって異なり，都市部は高く町村部は低くなる。ここでは都市部（生活保護基準の級地区分が1級地）の場合を示した。

収入ベースで考える場合，この計算結果に年金生活者（老齢年金

〈図表31〉 住民税（均等割）の非課税限度額

	単身者	夫婦（子どもなし）
給与のみ	100万円	156万円
老齢年金のみ（65歳以上）	155万円	211万円

※生活保護基準の級地区分が1級地の場合
出典：著者作成

第1部 第10章 年金課税

を受給する65歳以上）は公的年金等控除120万円，給与所得者は給与所得控除65万円を加えた金額が非課税限度額となる（**図表31**）。

住民税が本人非課税かどうか，あるいは世帯の全員が非課税かどうかは，さまざまな低所得者対策の基準として使われている。例えば医療保険には，病院などの窓口での1カ月の自己負担が限度額を超えると，超過分は負担しなくて済む「高額療養費制度」がある。70歳以上だと，一般の限度額は入院を含む場合で4万4,400円だが，住民税非課税の世帯など一定の条件を満たせば2万4600円〜1万5,000円に下がる。介護保険料や特別養護老人ホームの食費・居住費など，社会保障制度のさまざまな分野の低所得者対策で「住民税非課税」が条件として使われている。課税情報は全国で統一された基準であり，各市町村が住民の情報を把握していることから，課税情報以外の基準を設けるのと比べると格段に利便性が高く，行政コストもかからないことがその理由と考えられる。

先に見たように，遺族年金は非課税とされている。このため，収入が多い遺族年金受給者のほうが，収入が少ない老齢年金受給者より手厚い低所得者対策を受ける逆転現象も起きている。

また，例えば介護保険の施設入所サービスを利用する人が，負担軽減を受ける目的で「世帯分離」の手続きをするケースがある。住民税を課税される家族と一緒に暮らしていた人が，それまでの住民票上の世帯から形式的に抜けて，1人で世帯を持っている形にすることで「世帯全員が住民税非課税」という条件に該当することがあるからである。世帯分離の手続きをした人としない人の間で，不公平が生じる。年金受給者の非課税限度額が給与所得者より高く，遺族年金が非課税になっている今の税制が，世帯分離の誘因になって

いる。

　社会保障制度以外でも，例えば消費税率の8％への引き上げに伴って，国が低所得者1人当たり1万～1万5,000円を支給する「簡素な給付措置」は，住民税非課税世帯が対象になる。給付の対象は高齢者，特に遺族年金受給者にかなり集中すると予想される。

❸　政府の対応

　年金課税は，かつては老齢年金も「実質非課税」と言われるほど優遇措置が手厚かった。2004年度の税制改正で控除の一部縮小・廃止が決まり，2005年分の所得税と2006年度分の住民税から現在の姿になっている。

　年金課税の見直しをめぐっては，2012年2月に閣議決定された「社会保障・税一体改革大綱」が，「年金受給者は給与所得者に比べて，課税最低限が高いなど税制上優遇されている状況であり，世代間の公平性の確保も必要である」として，老齢年金に適用される公的年金等控除の見直しなどについて今後検討する方針を示している。

　2013年8月の社会保障制度改革国民会議報告書にも，政府に年金課税の見直しを求めることが盛り込まれ，同年12月に成立した社会保障改革の「プログラム法」にも，今後の検討課題の1つとして年金課税の見直しが明記された。

　このように，見直しに向けた具体的な議論を進めることは政府の

既定方針になっているが，高齢者の反発に対する懸念もあり，政府・与党内では本書執筆時点であまり具体的な動きは見られない。

第11章　年金記録問題

❶ 未統合記録の解明状況

　年金記録問題は2007年に発覚し，大きな社会的関心を集めた。旧社会保険庁がコンピュータで管理していた厚生年金と国民年金の保険料納付記録の中で，基礎年金番号と結びつかず該当者不明となっている記録が約5095万件（2006年6月現在）にのぼることが，当時野党だった民主党の追及によって明らかになったのである。また，本人が保険料を納めていたにもかかわらず，旧社会保険庁にも，2001年度まで国に代わって国民年金保険料の徴収業務を行っていた市町村にも全く記録が残っていない記録消失の事例（いわゆる「消えた年金」）が大量に生じている。この年金記録問題は，2007年7月の参院選で自民党が大敗，与党が参院で過半数割れする大きな原因になった。

　政府は全加入者・受給者に「ねんきん特別便」を送って記録の確認を求めたり，解体された旧社会保険庁の業務を引き継いだ日本年金機構が保管する古い紙台帳をコンピュータ内の記録と人海戦術で照合したり，さらには加入者・受給者がインターネットを使って自分の記録を探せる「ねんきんネット」も導入して確認作業を進めて

第1部　第11章　年金記録問題

いる。社会保障審議会「年金記録問題に関する特別委員会」報告書（2014年1月）によると，年金記録問題への対応のために2013年度までに投入された国費は約4,000億円にのぼる。にもかかわらず，5,095万件のうち解明できたのは6割弱の計2,983万件（2013年9月現在）にとどまっている（**図表32**）。一方，年金額が回復した人数は約269万人で，金額は平均年3.5万円となっている。

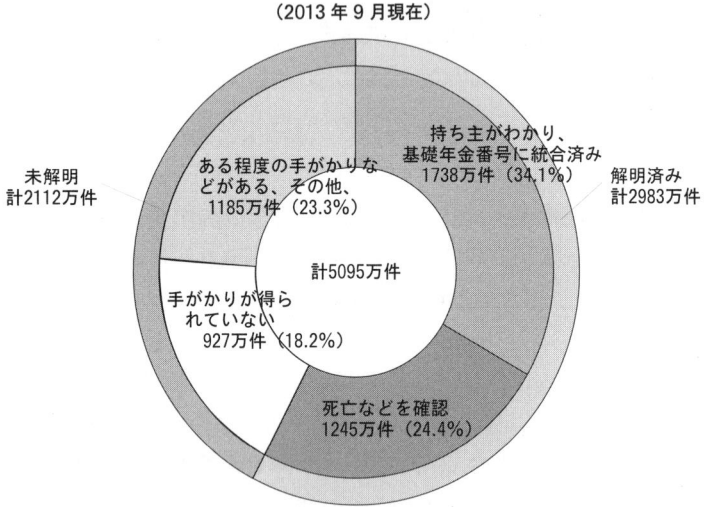

〈図表32〉　該当者不明の年金記録の調査状況
（2013年9月現在）

- 持ち主がわかり、基礎年金番号に統合済み　1738万件（34.1%）
- ある程度の手がかりなどがある、その他　1185万件（23.3%）
- 手がかりが得られていない　927万件（18.2%）
- 死亡などを確認　1245万件（24.4%）

計5095万件
解明済み　計2983万件
未解明　計2112万件

出典：日本年金機構資料をもとに著者作成

また，「消えた年金」については，総務省の年金記録確認第三者委員会が，状況証拠なども考慮して，実際に納付があったかどうかの判定を行っている。2014年2月までに約11万件の申立てが認められた。

❷ 記録問題の原因と背景

(1) 原　　因

　公的年金の保険料納付記録は，現在では1997年に導入された基礎年金番号を使って管理されている。番号は1人に1つずつ割り当てられ，転職したり，結婚して姓が変わったりしても，漏れなく年金を受給できる仕組みである。しかし，96年以前には転職や結婚などをきっかけに，別の番号が付けられることがよくあった。こうした過去の保険料納付記録を受給額に反映させるためには，記録を基礎年金番号に統合する必要がある。ところが，旧社会保険庁は統合の作業をおざなりにしか行わなかった。また，かつては紙に手書きだった納付記録をコンピュータに入力する過程でも，ミスが多発したと見られる。旧社会保険庁の様々な不手際が重なり，記録がコンピュータ内で迷子になったり，納めたはずの年金記録が紛失したりという事態が多発しているのである。

(2) 背　　景

　記録問題が起きた背景として，次のことが指摘できる。

(a) 記録問題の重要性に関する認識の甘さ

　ずさんな管理体制が続いてきたのは政府，特に厚生労働省と旧社会保険庁が，そもそも記録管理の重要性を十分に認識していなかったことが大きな原因といえる。

　公的年金制度は，保険料が将来の給付に結びつくことを前提として，加入者に拠出を求める制度である。給付までの期間が数十年に

第1部　第11章　年金記録問題

わたる長期保険であり，記録の管理が着実に行われなければ国民の信頼が失われ，制度そのものが成り立たない。

ところが，これまで政府は年金記録管理にあまり関心を払ってこなかった。1959年には政府内の行政監察で記録管理の不備が指摘されたにもかかわらず，十分な予算と人員を確保して記録の正確さを確保しようとしなかった。公的年金財政の健全性を維持するために行われてきた原則5年に1度の財政再計算でも，年金記録管理の問題はほとんど検討の対象とならず，負担と給付の調整などの制度設計に当局の関心が集中していた。長年にわたり記録管理に対する認識が甘かった結果が，一気に明るみに出たのである。

公的年金は，本人が裁定請求することによって支給が始まる。加入歴は本人が最も良く知っているはずだという前提に立ち，最終的には本人が裁定請求する際の申し出によって記録を統合すればよい，という待ちの姿勢（「裁定時主義」と呼ばれることもある）が，膨大な数の未統合記録が生じた背景にある。

(b)　非効率的で無責任な旧社会保険庁の業務体制

旧社会保険庁で実際に記録管理の業務に携わってきたのは，本庁だけでなく，社会保険業務センターや出先の社会保険事務所の職員である。旧社会保険庁の組織については，以前から組織としての一体性や内部統制（ガバナンス）の不足が指摘されており，こうした悪しき組織体質が記録処理のずさんさの背景にあったと考えられる。

旧社会保険庁の職員は①厚生省（厚生労働省）採用のⅠ種職員（キャリア），②旧社会保険庁本庁採用のⅡ・Ⅲ種職員，③もともとは地方事務官だった地方採用職員——という3層構造になっていた。このうちⅠ種職員は長官，次長，部長，課長など幹部ポストを占めて

2 記録問題の原因と背景

きたが，通常は2年程度でまた本省に戻ることが多いため，腰掛け的な存在になりやすく，管理・監督の責任を十分に果たさないことが多かった。

また，旧厚生省では，本省の幹部が旧社会保険庁の事務を軽視し，Ⅰ種職員を十分に配置しなかったほか，Ⅰ種職員に地方組織での経験を積ませることも，1961年に国民皆年金体制となった当初を除いて行っていなかった。その結果として，本省で社会保険の現場に関する意識がさらに不十分になった面もある。

本庁採用職員と地方採用職員も一体感が弱く，意識に大きな溝があった。この大きな原因として，地方採用職員が1957年の地方自治法制定時に「地方事務官」とされ，国が任命する国家公務員であるにもかかわらず，都道府県知事が指揮監督するという変則的な身分だったことが挙げられる。結果的に，国からも都道府県からも監督が行き届かず，地方事務官制度が2000年3月末で廃止された後も，本庁の統制がききにくい組織体質が残った。

こうした組織上の問題が，年金裁定時に窓口での対応が不十分なため過去の加入歴を見落としたり，入力ミスが多発したりといった結果につながり，年金記録問題を深刻化させたと考えられる。年金記録が消失する原因の1つとして，職員による保険料の着服などが指摘されていることも，組織の内部統制が不十分だったことの端的な表れと言える。

(c) 業務の効率化に抵抗してきた労組の存在

旧社会保険庁では，地方採用職員でつくる職員組合「自治労国費評議会」が強い力を持っていた。同評議会は「オンライン化反対闘争」を繰り広げ，「オンライン化計画に伴い労働強化が生ずること

第 1 部　第 11 章　年金記録問題

のないよう十分配慮する」「窓口装置の 1 人 1 日のキータッチは，平均 5,000 タッチ以内とし最高 10,000 タッチ以内とする」など，業務の効率化に後ろ向きの覚書や確認事項を当局と取り交わしてきた。こうした労組の対応も，年金記録が不正確になった原因である。オンライン化は窓口での記録確認が容易になり，年金の支給漏れ防止につながる重要なステップだったが，同評議会は職員の首切りにつながると受け止め，強く抵抗した。

　以上の 3 点は行政側の問題点だが，記録問題の原因として，ここで加入者や事業主側の問題点についても指摘しておきたい。

　まず，加入者からの届け出が正確に行われなかった例がある。例えば氏名を通称で届け出たり，採用の年齢制限にかからないよう生年月日を偽って届け出たりした結果，基礎年金番号への記録の統合が難しくなっているケースである。事業主側が届け出用紙に誤記した例もあると見られている。届け出が正確かどうかチェックする行政側の体制が不十分だった面もあるものの，こうしたケースは基本的に，加入者や事業主の側に問題があったと言える。

　また，基礎年金番号の導入以前でも，例えばある会社から別の会社に転職する場合，前の会社で加入していた年金手帳を新しい職場に提出すれば年金番号が引き継がれ，別々の年金番号が付けられることを防げる仕組みになっていた。にもかかわらず，被保険者自身がこうした手続きを怠ったり，事業所の人事担当者の対応が不備だったりしたことによって，複数の年金番号が付けられた例もある。

❸ 今後の対応

　旧社会保険庁の年金業務を引き継いで2010年に発足した日本年金機構は，紙台帳とコンピュータ内の記録との全件照合などを2013年度中に終わらせ，記録問題への対応に一定の区切りを付けたいとしている。だが，該当者がわからない記録が相当数残ることは避けられない。引き続き加入者・受給者に自分の記録を確認するよう呼びかけるとともに，機構内部で記録の統合作業を続ける必要がある。

　さらに，年金記録や保険料徴収の事務処理ミスが今も多発している。2012年度の1年間だけで2,670件のミスが見つかり，その大半は機構発足後に起きたものだった。現在の記録管理方法が万全なのかどうか，疑問が残る。新たな記録問題を生じさせないよう，機構の業務を厳しく監視していく必要がある。

第12章 適格退職年金の廃止と厚生年金基金

❶ 適格退職年金の廃止

(1) 企業年金の種類

企業年金は，企業が従業員の退職後のために任意で設ける年金制度である。厚生年金や国民年金（基礎年金）が公的年金であるのに対し，「私的年金」とも呼ばれる。国も税制上の優遇策を講じるなど，普及を後押ししてきた。

厚生労働省所管の企業年金には，次の3制度がある。
① 企業が積立金の運用に責任を負う「確定給付企業年金」
② 従業員が自分で選んだ運用方法によって，将来受給する年金額が変わる「確定拠出年金」
③ 国に代わって厚生年金保険料の一部を運用し，老後に支給する代行部分を持つ「厚生年金基金」

(2) 適格退職年金

以上のような厚生労働省所管の年金制度とは別に，かつて中小企業を中心として広く普及していた制度が「適格退職年金」である。

1 適格退職年金の廃止

1962年にできた制度で，企業が法人税法で定める一定の条件を満たして国税庁長官の承認を受ければ，事業主の掛け金が全額損金として扱われるなど税制上の優遇措置を受けることができた。企業にとっては，信託銀行などと契約すれば導入が比較的簡単で，厚生年金基金などと比べて少人数で設立できるのが利点だった。2001年度には約7万4,000件の契約があり，920万人が加入していた。

だが，財政状況をチェックして健全化する仕組みが乏しく，受給権保護が不十分だったことから，2002年に施行された確定給付企業年金法によって，2012年3月末で廃止された。

厚生労働省のまとめによると，適格退職年金の代わりに他の企業年金を導入した事業主の割合は約3割で，このほか年金ではなく退職金を積み立てる国の制度「中小企業退職金共済」を約3割が採用したが，他はこの制度にも加入していない。

この影響で，厚生労働省所管の企業年金全体（前記①～③の計）の加入者数は2013年3月末時点で計約1660万人と，10年ほどで約2割も減った（**図表33**）。厚生年金の全加入者数に占める割合も，6割強から5割弱に低下した。

確定拠出年金などを別とすれば，企業年金は積立金の運用が不振だと，企業が不足分を穴埋めしなければならない。そのリスクを嫌い，適格退職年金の廃止後に新たな企業年金を導入しない事業主が相当数いたと考えられる。中小企業の間で，企業年金離れが起きているのである。

第 1 部　第 12 章　適格退職年金の廃止と厚生年金基金

〈図表 33〉　企業年金加入者数の推移

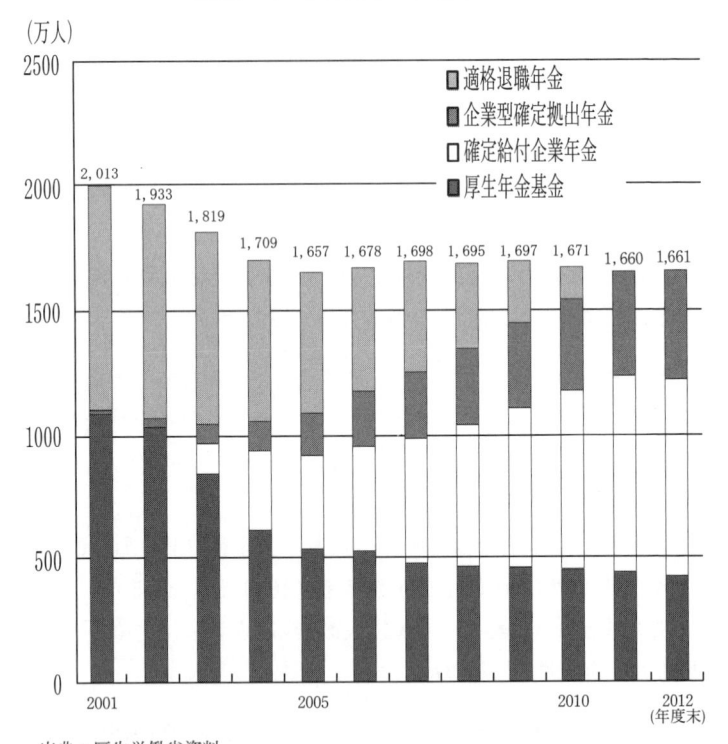

(万人)

凡例：
- 適格退職年金
- 企業型確定拠出年金
- 確定給付企業年金
- 厚生年金基金

データ（合計）：
- 2001: 2,013
- 2002: 1,933
- 2003: 1,819
- 2004: 1,709
- 2005: 1,657
- 2006: 1,678
- 2007: 1,698
- 2008: 1,695
- 2009: 1,697
- 2010: 1,671
- 2011: 1,660
- 2012(年度末): 1,661

出典：厚生労働省資料

❷ 財政悪化の基金解散

(1) 厚生年金基金とは

企業年金をめぐる状況をさらに大きく変えそうなのが，財政が悪

132

2 財政悪化の基金解散

化した厚生年金基金を解散させる法改正が実現したことである。

厚生年金基金は1966年に始まった制度で、他の企業年金と違い、本来は企業が国に納めるはずの厚生年金保険料の一部を預って運用し、国に代わって退職した従業員に支給する「代行部分」を持つ（**図表34**）。事業主が負担する掛金は損金として扱われ、加入者が納める掛金も社会保険料控除の対象となるなど、税制上の優遇措置が講じられている。

代行部分の積立金と、独自の上乗せ年金のための積立金を合わせて運用するため積立金の規模が大きく、運用が好調だと収益が膨らむ。このため、かつては多くの基金が手厚い上乗せ支給をしていた。

ところが、バブル経済の崩壊後は逆に運用不振が目立つようになった。積立金が必要な水準を下回る積立不足になると、企業は穴埋めを迫られる。このため、2002年に施行された確定給付企業年金法によって、代行部分を国に返し（代行返上）、上乗せ部分を確

〈図表34〉 厚生年金基金の仕組み

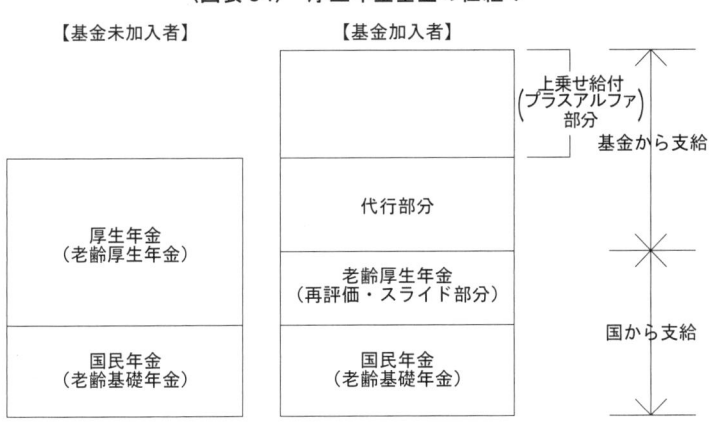

【基金未加入者】	【基金加入者】	
		上乗せ給付（プラスアルファ）部分 — 基金から支給
厚生年金（老齢厚生年金）	代行部分	
	老齢厚生年金（再評価・スライド部分）	国から支給
国民年金（老齢基礎年金）	国民年金（老齢基礎年金）	

出典：「平成11年版 年金白書」

定給付企業年金に移行することが可能になった。

大企業が単独で設立する「単独型」基金の多くはすでに代行返上を行っており、ピーク時には全国に1,800超あった基金数は、538（2014年2月1日現在）に減り、加入者も約400万人となっている。今も残る基金の9割近くは、タクシー会社や運送会社など同業の中小企業が集まってつくる「総合型」基金である。代行返上のためには過去の積み立て不足を穴埋めする必要があるが、総合型にはその余力がない事業所が多く、多くの基金は解散したくてもできなかったのが実情である。2012年3月末時点では、存続している基金の半数が代行部分の積立金が足りない「代行割れ」に陥り、その総額は1兆1,100億円にのぼった。

こうした状況の中、非現実的な高利回りを掲げたAIJ投資顧問が、基金から預かった巨額の資金を消失させた問題が明るみに出て、基金の積み立て不足の問題に社会の注目が集まった。

(2) 解散を促す制度改正

2013年6月に成立した改正厚生年金保険法は、財政難の基金を5年以内に解散させ、国から預かった代行部分の積立金を返還させることを定めている。厚生労働大臣が解散命令を出せる仕組みも設けた。

基金が存続するためには代行部分の1.5倍の資産を保有することなどの基準を満たす必要があり、大部分の基金は存続できない見通しとなった。

AIJ投資顧問の事件を受け、厚生労働省は2012年11月、民主党政権のもとで、いったんは基金を全廃する改革試案をまとめた。だが自民党への政権交代後、自民党内では基金解散による企業経営へ

の影響などを懸念する声が強まり，一転して上記のように財政状態の比較的良好な基金は存続が認められることになった。

(3) 今後の課題

経営が厳しい中小企業にとって，解散のために積立不足をどう穴埋めするかは依然として大きな問題である。

また，この法改正により，総合型基金に加入する企業が倒産した場合でも，残った企業が連帯して債務を負担しなくてよいことになった。この結果，企業が倒産すれば，その積立不足は基金を持たない会社も含む，厚生年金の加入者・加入企業全体で穴埋めせざるを得なくなる。

さらに，基金の解散後，どれだけの企業が新たな企業年金制度を導入するかも未知数である。厚労省は企業が代わりに他の年金を導入しやすくなるよう，規制緩和などを検討しているが，総合型基金の母体となっている中小企業は不況業種が多く，代わりの企業年金を設ける余裕に乏しい。勤め先の基金が解散し，老後は国の年金だけになる人が増える可能性がある。

公的年金は今後，マクロ経済スライドで給付水準の低下が予定されている。企業と従業員が自助努力で退職後に備える企業年金に期待される役割は大きい。税制上の優遇措置を拡大するなど，企業年金の減少を防ぎ，充実させていくための対策が今後の課題となる。

企業年金をめぐっては，積立金の運用難などで年金の減額に踏み切る企業が多いことも問題になっている。現役社員が将来受け取る年金だけでなく，すでに受給している退職者の年金を減らす企業も目立つ。企業経営への悪影響を防ぐこと，大きな不利益を被る現役社員とバランスを取ることなどが目的だが，訴訟も起きており，受

第 1 部　第 12 章　適格退職年金の廃止と厚生年金基金

給権保護との兼ね合いをどう考えるべきかが議論になっている。

第2部
公的年金改革案の類型

> 第2部では,「百家争鳴」と言われるほど各方面から数多く提言されている年金改革案を分類し,解説を試みる。

第2部　第13章　3つの類型

第13章　3つの類型

I　各類型の特徴

　これまで見てきたように，日本の年金制度は，様々な問題を抱えている。このため近年，特に公的年金制度について，各方面から改革案の提言が相次いでいる。

　これらの改革案は，基礎年金のあり方に着目すれば，①現行の社会保険方式を維持する，②税方式に転換する，③所得比例年金と，税財源による最低保障年金を組み合わせた制度体系（いわゆる「スウェーデン方式」）とする，のおおむね3つに分類することができる。

①　社会保険方式を維持する

　この考え方は，公的年金の1985年改正で基礎年金が創設されてから，2009年に自民・公明両党の連立政権が終焉するまで，政府，厚生労働省（旧厚生省）が一貫して取ってきた方針である。その後の民主党政権は，③の制度体系（いわゆる「民主党案」）による改革を掲げたものの実現せず，2012年に自民・公明両党が政権に復帰して以降，政府・与党は再び①の考え方に基づいて制度改革を進めつつある。このほか日本商工会議所（2011年に菅政権の「社会保障改革に関する集中検討会議」で社会保険方式の維持を主張），報道機関

では朝日新聞（2008年2月11日，同18日付社説），読売新聞（2008年4月16日付朝刊「年金改革提言」），産経新聞（2011年2月12日付朝刊）が社会保険方式を基本とする改革案を提言している。

② 基礎年金を税方式化する

この類型は，基礎年金に関しては保険料を徴収する現行の社会保険方式をやめて，100％税財源でまかなう方式に切り替えるという主張である。多くの論者が，財源として消費税率の引き上げを想定している。また，公的年金の2階部分については，現役世代がその時点の高齢者を支える現行の賦課方式をやめて，自分の老後のために自分で積み立てておく「積立方式」に変えるべきだという主張が目立つ。その代表的なものは，超党派の国会議員7人が2008年12月に提言した改革案（後述），経済同友会案（「真に持続可能な年金制度の構築に向けて」2009年6月）などである。このほか日本経済新聞案（2008年1月7日付，同12月8日付朝刊）のように，2階部分の一部分だけを積立方式に転換するが，残る大部分は賦課方式のまま維持するという提言も見られる。基礎年金の税方式化は，経済学者から数多く提言されていることも特徴である。

③ 所得比例年金と税財源による最低保障年金を組み合わせる制度体系

これは，スウェーデンが1999年の年金改革で導入したことから，「スウェーデン方式」と呼ばれることも多い。後述する社会経済生産性本部「年金研究会」案が代表例で，このほか，民主党の年金改革案もスウェーデンの制度の影響を受けている。

この章では，それぞれの類型の代表的な改革案の内容を見ていき

たい。

まず,基礎年金の社会保険方式を維持する①の類型については,2008年11月に厚生労働大臣の諮問機関である社会保障審議会年金部会(部会長・稲上毅東京大学名誉教授＝当時)が取りまとめた「議論の中間的な整理」で示された改革案を取り上げる。この案には,当時の厚生労働省の考え方が色濃く反映しており,その後,低年金・無年金者対策,短時間労働者に対する厚生年金の適用拡大など一部は法改正が実現した。政府・与党が進めつつある改革の祖型とも言うべき内容である。

基礎年金を税方式化する②の類型については,超党派議員案を取り上げる。

類型③の所得比例年金＋最低保障年金(スウェーデン方式)については,駒村康平・慶応義塾大学教授(当時は東洋大学教授)を中心に作成された社会経済生産性本部「年金研究会」案と,その原型となったスウェーデンの制度,スウェーデン方式としての性格と税方式としての性格が混淆している民主党案を取り上げたい。

II 社会保険方式

❶ 社会保険方式とは

現行の公的年金は,全国民に共通する基礎年金(国民年金)の上に,報酬比例部分と呼ばれる所得比例年金(厚生年金,共済年金)が乗っ

Ⅱ 社会保険方式　2　年金部会案

た2階建て構造が基本になっている。基礎年金の財源には保険料と国庫負担がそれぞれ2分の1ずつ投入されているが，保険料未納者には国庫負担部分も含めて年金給付が行われないことに端的に表れているように，負担と給付の間に対応関係がある。2階部分の所得比例年金は，原則として保険料納付額に応じた給付が行われる。このため，現行の公的年金は，1，2階を合わせた全体が「社会保険方式」で運営されていると見ることができる。

　類型①は，このような現行の2階建て構造を基本的に変えず，現行制度体系の大枠を維持したままで改革を進める考え方である。

❷ 年金部会案

　類型①の代表例とも言える，社会保障審議会年金部会が2008年11月27日にまとめた「議論の中間的な整理——年金制度の将来的な見直しに向けて」（以下，「中間整理」と表記）で示した改革案は，次の8項目から成っている。

---

(1)　低年金・低所得者に対する年金給付の見直し
(2)　基礎年金の受給資格期間（25年）の見直し
(3)　2年の時効を超えて保険料を納めることのできる仕組みの導入
(4)　国民年金の適用年齢の見直し
(5)　パート労働者に対する厚生年金適用の拡大等
(6)　育児期間中の者の保険料免除等

第 2 部　第 13 章　3 つの類型

(7)　在職老齢年金の見直し
(8)　標準報酬月額の上限の見直し

以下，順に見ていきたい。

(1)　低年金・低所得者に対する年金給付の見直し

　年金部会は，公的年金制度の枠内で低年金・低所得者への対応を取ることについて，「公的年金制度の維持につながり，国民の信頼確保に資する」と，その意義を強調する。ただ，その一方で，「給付と負担の関係性を必要以上に損なうことのないように留意すべきこと」，「保険料の納付意欲や世代間・世代内の公平へ悪影響を及ぼしてはなら」ないこと，モラルハザードを防ぐ必要があることも指摘している。

　こうした考えに立って，年金部会は具体的に，(a)「最低保障年金」，(b)「保険料軽減支援制度」，(c)「単身低所得高齢者等加算」という 3 つの案を提言した。

　第 2 章ですでに見たように，低所得の高齢者向けに「年金生活者支援給付金」を支給する法律が 2015 年 10 月に施行される予定になっている（消費税率の 10 ％ への引き上げが条件）。年金部会の 3 案をベースにして政府，与野党内で議論が進み，社会保障・税一体改革の一環として，この給付金制度の実現をみたのである。ただし，給付金は 3 案のいずれとも制度設計が異なる上に，公的年金とは別枠の福祉給付という位置づけとされた。

　まず，3 案の内容を見ていきたい。

Ⅱ 社会保険方式 2 年金部会案

(a) 最低保障年金

　最低保障年金は，今の基礎年金を存続させた上で，それとは別に税を財源とする補足的給付としての「最低保障年金」を支給することにより，現行制度で生じる低年金者をできるだけ救済しようという案である。なお，「最低保障年金」という名称は，このタイプの改革案のほか，スウェーデン方式（所得比例年金＋最低保障年金）など，さまざまな年金改革案で用いられており，名称は同じでもその意味するところは異なることに注意が必要である。

　このタイプの最低保障年金については，読売新聞の年金改革提言に具体案が盛り込まれている。年金部会の会合では，この読売新聞案を素材として議論が行われ，中間整理にも読売新聞案の内容が反映している。

　読売新聞案の最低保障年金は，次のような内容である。

▽「加入期間が短かったり，低所得で保険料を免除されたりしたことで年金額が低くなる人たちのために，「最低保障年金」を新設し，月5万円を保障する。財源は，税でまかなう」

▽「これにより，夫婦世帯でも単身世帯でも，衣食住などの基礎的消費支出の大半を，基礎年金と最低保障年金でまかなえるようにする。ただし，最低保障年金には所得制限を設ける。支給対象を年収200万円以下の高齢者世帯だけに限定することにより，きちんと保険料を納めてきた人の不公平感を緩和する」

▽「現行の基礎年金は，40年加入すると，給付額が満額の月約6万6,000円となる。この満額を月7万円に増額し，保険料を支払い続けてきたすべての人が，改革の恩恵を受

けられるようにする。増額の財源は，税でまかなう。これにより，夫婦世帯でも単身世帯でも，平均的な基礎的消費支出を満額の基礎年金でまかなうことを可能にする」
▽「受給資格を得られる最低加入期間を，現行の25年から10年に短縮する」

こうした制度設計とした理由について，読売新聞は，基礎年金の全額税方式は実現困難であり，それに代わる低年金対策が必要だという点を強調する。すなわち，税方式では「消費税率にして5％近い税金が新たに必要になる」こと，円滑な制度移行に40年以上かかることなどを指摘し，「社会保険方式は，公的年金が国民相互の助け合いであることを前提とし，老後に備える各々の努力を年金額に反映できる。その長所を生かしながら，老後の年金を一定レベルで保障する仕組み」として最低保障年金を構想したと説明している[1]。

基礎年金の満額月7万円，および最低保障額月5万円によって，高齢世帯の平均消費支出月額のうちどこまでをまかなえるかについては，**図表35**のようなデータを示している。それによると，平均的な基礎的消費支出のうち，夫婦世帯では約9割，単身世帯では約7割を最低保障額でまかなえる。

この読売新聞案を実現する場合，どのぐらいの規模の税財源が必要となるかについては，政府の「社会保障国民会議」（座長・吉川洋東京大学教授）が試算を公表した[2]。

それによると，まず，基礎年金の満額を月7万円に引き上げ，そ

---

[1] 読売新聞2008年4月16日付社説
[2] 「社会保障国民会議における検討に資するために行う公的年金制度に関する定量的なシミュレーション」2008年5月19日

Ⅱ　社会保険方式　2　年金部会案

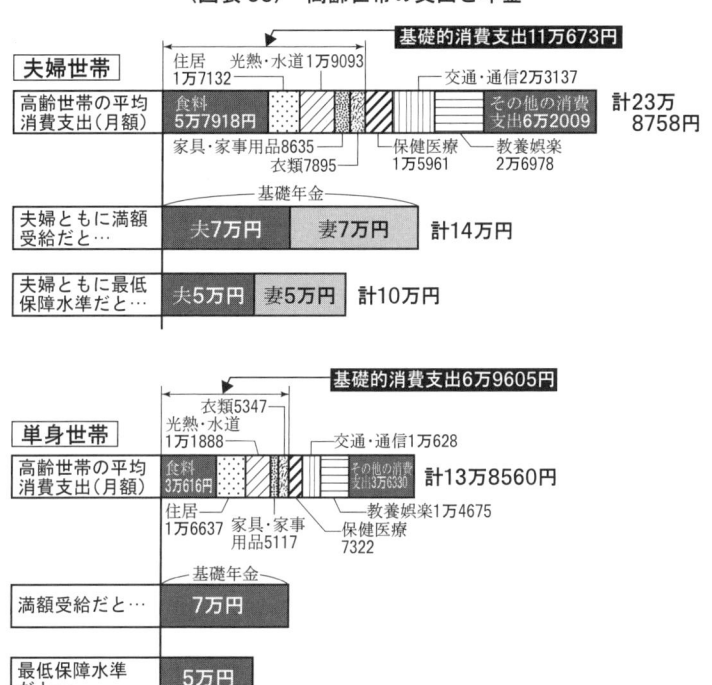

〈図表35〉　高齢世帯の支出と年金

夫婦世帯

高齢世帯の平均消費支出（月額）
- 食料 5万7918円
- 住居 1万7132
- 光熱・水道 1万9093
- 家具・家事用品 8635
- 衣類 7895
- 保健医療 1万5961
- 交通・通信 2万3137
- 教養娯楽 2万6978
- その他の消費支出 6万2009

基礎的消費支出 11万673円
計 23万8758円

夫婦ともに満額受給だと…　基礎年金　夫7万円　妻7万円　計14万円

夫婦ともに最低保障水準だと…　夫5万円　妻5万円　計10万円

単身世帯

高齢世帯の平均消費支出（月額）
- 食料 3万616円
- 住居 1万6637
- 光熱・水道 1万1888
- 衣類 5347
- 家具・家事用品 5117
- 保健医療 7322
- 交通・通信 1万628
- 教養娯楽 1万4675
- その他の消費支出 3万6330

基礎的消費支出 6万9605円
計 13万8560円

満額受給だと…　基礎年金　7万円

最低保障水準だと…　5万円

※平均消費支出は総務省の家計調査年報（2006年）をもとに作成。
　直接税と社会保険料の支出は含まれていない。
出典：読売新聞2008年4月16日付朝刊をもとに作成

れまでの約6万6,000円との差額を税でまかなう場合，所要額は2009年度時点で年1.2兆円となる。高齢化が進むにつれて必要な金額は増加してゆくが，消費税率に換算すれば，2050年の時点でも約0.5％にとどまる。

また，低年金・低所得の高齢者世帯に満額月5万円の最低保障年

金を支給すると，追加的に必要な税財源は2009年度時点で年1.0兆円となる。所要財源は年々増えるが，消費税率に換算すると2050年度時点でも約0.5%である。

すなわち，基礎年金満額の7万円への増額と最低保障年金をセットで実施すると，追加的に必要な消費税率は将来にわたり約1%となる。

一方，国民会議は公的年金の受給資格期間を10年に短縮すれば，当座は基礎年金が保険料財源と税財源を合わせ，年約1,000億円の給付増になるという結果を公表した。これを合わせても，改革のために必要となる追加的な消費税率は，やはり将来も1%程度にとどまる。

以上から，最低保障年金案の大きな利点は，税方式と比べて少ない費用で，多くの低年金者，無年金者に一定額以上の年金を支給できるところにあると言える。

ただ，保険料を10年納めれば月5万円を保障されるため，それ以降は保険料を納めなくなる人が出てくる可能性があり，その防止策が課題となる。年金部会の中間整理も「受給資格期間を超えて保険料を納付する意欲に対する悪影響が大きいと考えられるため，こうした課題への対処を図る工夫が必要となる」と指摘した。

(b) 保険料軽減支援制度

自営業者などが支払う国民年金保険料には，低所得者を対象として，保険料納付を免除する制度が設けられている。制度は所得に応じて4段階に分かれており，全額免除，4分の3免除，半額免除，4分の1免除がある。

免除制度を利用した場合，65歳以降の老齢基礎年金の受給額は

Ⅱ　社会保険方式　2　年金部会案

通常より少なくなる。基礎年金は給付費の2分の1が国庫負担でまかなわれており，保険料免除を受けてもこの国庫負担部分はすべて支給されるが，保険料財源の部分が免除の度合に応じて減らされるのである。具体的には，受給できる基礎年金額は全額免除の場合で通常の2分の1，4分の3免除は通常の8分の5，半額免除は通常の4分の3，4分の1免除は通常の8分の7の年金額となる[3]。こうしたことから，低所得者は40年加入しても，満額を大きく下回る年金額しか受け取れない場合が多い。

　年金部会が提言した「保険料軽減支援制度」は，保険料免除が低年金者を生み出す現行制度の問題点を是正し，低所得者でも40年加入すれば，通常納付と同じ満額の基礎年金を受給できるようにすることが目的である。具体的には，国民年金保険料を納付する際，低所得者には所得に応じた軽減保険料を適用し，その軽減分については税で補填した上で，年金額の計算上は通常納付と同じ扱いとする。この仕組みを図示すれば，**図表36**のようになる。

　保険料軽減支援制度については，年金部会も社会保障国民会議も，財政試算を行っていない。

　この制度について，年金部会の中間整理は「社会保険方式の基本は踏まえた案である」とする。その上で，「少なくとも保険料を納めた期間のみが満額年金の基礎となることから，最低保障年金のようなモラルハザードが生じることはないのではないか」という見方も示している。

　1961年に国民年金制度が創設される際，当時の厚生省は保険料を所得比例にしようとしたが，自営業者の所得捕捉が不十分である

---

[3]　基礎年金の国庫負担割合が2分の1に引き上げられていなかった2008年度以前は，それぞれ通常の3分の1，2分の1，3分の2，6分の5。

第 2 部　第 13 章　3 つの類型

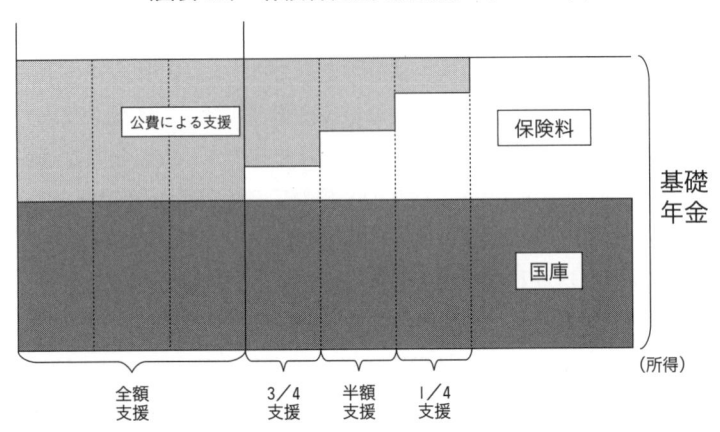

〈図表 36〉　保険料軽減支援制度のイメージ図

出典：第 13 回社会保障審議会年金部会（2008 年 11 月 19 日）資料

ことから断念した経緯がある。保険料軽減支援制度は，国民年金を所得比例保険料・定額給付に近づける改革案だととらえることも可能である。

　ただ，最低保障年金が現に生じている低年金者の困窮状態を直接的に救済できる制度であるのに対し，保険料軽減支援制度は，あくまで今後の加入期間に対応する制度である。このため，すでに生じている低年金者は，保険料軽減支援制度が導入されても，それだけでは救済されず，依然として低年金のままである。

　また，最低保障年金案は，過去に低所得だったが高齢期には十分な所得を得ている場合には給付の対象にならないが，保険料軽減支援制度は高齢期になって高所得・高資産となった人に対しても満額の基礎年金を支給する制度である。その是非については賛否両論がある。

Ⅱ 社会保険方式 2 年金部会案

　さらに，保険料軽減支援制度を実施する場合には，全国に1864万人（2013年3月末現在）いる国民年金の第1号被保険者の所得を正確に捕捉する仕組みが必要となる。だが，現在でも「クロヨン問題」（所得の捕捉割合は給与所得者が9割，自営業者6割，農業者4割程度という見方）という言葉が残っているように，自営業者の所得捕捉は十分とは言えない。こうした中で制度を実施すれば，給与所得者と自営業者の間の不公平だけでなく，自営業者同士の不公平感も助長する可能性がある。

(c) 単身低所得高齢者等加算

　年金部会が提言した単身低所得高齢者等加算は，「基礎年金の額が満額であるか否かにかかわらず，著しく所得の低い単身高齢者等の基礎年金に加給金を加算する」という案である。公明党は2009年衆院選マニフェストにほぼ同趣旨の制度を掲げており，同党の考え方に近い。

　年金部会は，どの程度の金額を上乗せするかなど，制度の具体的内容を示さなかった。

　基礎年金は，個人単位で制度が設計されている。このため，夫婦とも満額の世帯は月6.4万円を2人分受給するのに対し，満額を受給している単身者の受給額は，1人分の6.4万円だけとなる。

　だが，実際にかかる単身者の生活費は，夫婦世帯の半分では済まず，通常はもっと多くが必要となる。家賃や光熱費など，独り暮らしでもそれなりにかかる費用があるからである。このことは，生活保護の最低生活費を設定する際に，世帯共通経費が考慮されていることにも表れている。年金部会が単身の高齢者に着目して加算を行う案を示した背景には，単身の高齢者のかなりの部分が困窮してい

るという認識がある。

この案には，保険料軽減支援制度とは違って，現に生じている低年金者を救済できるという利点がある。ただ，もともと低年金の人にとっては，この加算だけでは不十分な場合もありうる。年金部会は中間整理で「生活保護との関係をどのように考えるかといった論点について整理することが必要である」としている。中間整理はさらに，「保険料の滞納期間が長い者に対しても，加給金を加算すべきか」「滞納期間に応じて加算額に差をつけるべきか」などの点についても検討が必要だと指摘した。

以上の3案には，いずれも利点とともに，これまで個々に指摘したような欠点がある。

また，3案ともに，社会保険方式の特徴である負担と給付の対応関係が弱くなる面がある。現行の基礎年金は——第3号被保険者が個別に保険料を納付しなくて済むなど，保険原理が修正されているとはいえ——受給額が保険料納付期間に比例するというのが制度の根幹部分である。年金額が少ない人に対する加算，税による保険料の肩代わりといった措置に，保険料を普通に納めてきた人の納得がどこまで得られるかが問題となる。

さらに，年金部会の3案は，いずれも対象者が持ち家や預貯金などの資産を持っているかどうかにかかわりなく制度の対象となる。このことの是非についても議論が分かれそうだ。

(d) 年金生活者支援給付金

ところで，年金部会が提言した3案の検討を踏まえ，2015年10月から「年金生活者支援給付金」の支給に関する法律が施行される予定であることは，第2章で見た通りである。

Ⅱ　社会保険方式　2　年金部会案

　政府内の検討過程では，低年金者の救済のため即効性が必要という判断から，保険料軽減支援制度は検討対象から外れた。単身低所得高齢者等加算のような独り暮らし世帯への限定もしないことにした。月5万円を保障する「最低保障年金」より仕組みが単純で，所要財源もより少なくて済むことから，当初案は低所得者の基礎年金に一律6,000円を加算するという内容になった。

　だが，一律の加算では意図的に未納だった者も受給でき，加入者・受給者の間に不公平感が広がる恐れもある。このため，最終的には保険料の納付期間に応じて最大で月5,000円（40年納付の場合）を支給し，さらに免除期間がある人については，その期間に応じて最大で基礎年金満額の6分の1を上乗せすることにしたのである。その上で，年金制度とは別の福祉給付金と位置づけることで，社会保険の年金制度を特徴づける負担と給付の対応関係を崩さないように，一定の配慮をした。

　この結果，確かに年金制度だけを見れば，負担と給付の対応関係に変化はないことになる。とは言え，先にも触れた通り，そもそも低年金対策を主眼として創設された給付金であり，日本年金機構から年金と同様，2か月ごとに支給が行われる。受給者から見れば，年金制度の枠内で加算を設けるのと，実質的な差はそれほど大きくない。さらに，この給付金は低所得者対策であるにもかかわらず，無年金者は給付を受けられない。その一方で，多額の資産を保有していても給付を受けることができる。問題の多い制度と言えるだろう。

(2)　受給資格期間の見直し

　老齢基礎年金は，公的年金の加入期間が通算で原則25年以上に

ならないと，受給資格を得ることができない。老齢厚生年金も，基礎年金の受給資格期間を満たしていることが受給の要件とされている。年金部会の中間整理は，この「25年」を「例えば10年程度とすることも考えられる」としている。

受給資格期間の10年への短縮については，第2章で見たように，2012年に法改正が実現した。2015年10月からの施行が予定されており，すでに無年金になっている高齢者もこれにより10年間の受給資格期間を満たす場合には，保険料納付済み期間の長さに応じた年金を受給できるようになる。ただ，10年だけ納めてあとは未納になるなどのモラルハザードが起きる懸念も指摘されている。

(3) 納付可能期間の延長

公的年金の保険料には時効が設けられており，2年を過ぎると，原則として徴収も納付もできなくなる。この点について，年金部会の中間整理には，2年間を超えても保険料を納付できるようにする案が盛り込まれた。

事後納付できるようにする期間については，①10年程度，②5年程度，③当初は5年程度に限定し，保険料軽減支援制度の導入と併せて10年間に拡大——という3つの選択肢を示した。このうち①は，現行制度で低所得者が免除を受けた保険料の追納可能期間が10年であることなどとの均衡を考慮した案である。②は，「その時々に納められた保険料で年金給付を賄うという年金制度の趣旨を踏まえれば，事後納付の期間を長期化させることは適当でな」い，という判断に基づく。③は，事後にまとめて納付する金額があまり多額になることは不適切だという判断から，低所得者の保険料の一部を税で肩代わりする保険料軽減支援制度と併用すべきだという考え方

Ⅱ　社会保険方式　2　年金部会案

に基づいている。

　第2章でも触れたように，2011年8月に成立した年金確保支援法に，納付可能期間を10年に延長する規定が盛り込まれ，2012年10月から15年9月までの3年間の時限措置として施行された。利用者が実際に納付するのは，当時の保険料額に一定の加算をした金額である。3年間の時限措置とされたのは，モラルハザードに配慮した国会での修正による。

　だが，それでもやはりモラルハザードの懸念は残る。年金部会の議論では，「保険料を納めるのが遅れても救済される」という被保険者のモラル低下が起き，保険料未納が増えかねないという強い慎重論が出された。さらに，徴収を担当する日本年金機構の事務コストが上昇するのではないかという指摘もあった。また，低所得者にとって，保険料をまとめて支払うことは容易ではない。制度の恩恵が高所得者ばかりに及ぶ事態になっていないか，検証が必要である。

(4) 国民年金の適用年齢の見直し

　現行の国民年金は，加入を義務づけられる年齢が20歳以上60歳未満とされている。ただ，大学学部への進学率が5割にのぼる中で[4]，学生でも20歳になれば原則として保険料徴収の対象とすることが必ずしも実態に合わない面もある。20歳代の国民年金保険料納付率が50％前後にとどまり，他の年代と比べて特に低いことも問題になっている。

　こうしたことから，年金部会の中間整理は，国民年金の適用年齢を現行より5歳高い「25歳以上65歳未満」に引き上げることが選

---

(4)　文部科学省「学校基本調査」

択肢になると指摘した。ただし，このままだと，20〜24歳で障害を負うと障害基礎年金を受給できなくなる問題が生じる。そこで，20歳から24歳までは引き続き適用対象とした上で，一律に納付猶予扱いとすることも検討すべきだとしている。

　年金部会の議論では「年齢が上がるほど年金制度への関心が高まる傾向があるので，関心を持つ世代に適用範囲を移動させれば，納付率の向上が期待できる」「保険料の徴収は，稼得と連動させるべきだ」などの賛成意見が出た。

　ただ，現行制度でせっかく保険料を納めている20歳代前半を適用対象から外すことが適切かどうか議論の余地がある。

(5)　パート労働者に対する厚生年金の適用拡大

　パートなど非正規労働者，短時間労働者への厚生年金の適用拡大については，第6章で取り上げた。年金部会の中間整理は，当時の被用者年金一元化法案に盛り込まれた適用拡大（新たに10〜20万人に適用を拡大する案。同法案は廃案になった）を早急に実現するとともに，保険料軽減支援制度の導入などで制度環境が大きく変化した際に「更なる厚生年金の適用拡大を検討すべきである」とした。その際の範囲をどう設定するか，新たに対象となる人数がどのぐらいになるかなどの点については，具体的には示さなかった。

(6)　育児期間中の保険料免除

　育児休業期間中と産休中の保険料免除についても，すでに第8章で触れた。年金部会の中間整理は，国民年金には次世代育成支援の観点からの免除制度が設けられていないことを指摘した上で，「被用者年金の被保険者のみに限られている育児休業等の期間中の保険料免除等の措置の対象を拡大し，出産・育児を行う者について普遍

的に適用される仕組みとすることについて，更に検討を進めるべきである」と結論づけた。今後の検討課題としては，どの程度の期間にわたって負担を免除するか，事業主負担の扱いをどうするか，子の数に応じて差をつけるのか，などの論点を挙げた。

なお，第8章でも触れたように，2012年に成立した年金機能強化法では，厚生年金加入者の産前産後休業期間中の保険料を2014年4月から本人負担分，事業主負担分ともに免除することが決まった。法律の附則には第1号被保険者についても出産前6週間，出産後8週間の保険料を免除するかどうかが，今後の検討課題として明記された。

(7) 在職老齢年金の見直し

在職老齢年金制度の問題点についても，第9章で触れた。年金部会の中間整理は「働くことによって年金が支給停止されることは納得できないという国民感情がある」と指摘し，高齢者の就労意欲を損なわないようにする観点から，支給停止基準の緩和を検討すべきだとした。

在職老齢年金は，65歳を境に支給停止基準が異なる。このうち60～64歳については，賃金月額（ボーナス込みで計算した月収）と厚生年金の合計額が28万円を上回る場合，賃金の増加2に対し，年金額1が停止される。つまり，たとえば賃金が2万円増えると，減額幅が1万円大きくなる。

年金部会の中間整理は，60歳代前半の在職老齢年金について，「支給停止の開始点である28万円を一定程度緩和することも考えられる」とした。ただ，新たな開始点の具体的な金額，変更に伴う影響に関しての試算などは示していない。

また、賃金の増加2に対し年金額1が停止される支給停止率を緩和するかどうかについては、「高所得者ほど改善効果が大きくなる」として見送り、現行通りとする考えを示した。

在職老齢年金制度のあり方についてはその後、2013年8月に政府の社会保障制度改革国民会議がまとめた報告書でも、年金支給開始年齢などの議論と一体として再検討する必要性が指摘された。

(8) 標準報酬月額の上限の見直し

厚生年金では、月給とボーナスから保険料が徴収され、その実績をもとに年金額の計算が行われる。その際、事務的な煩雑さを避けるため、月給とボーナスを区切りのよい金額に置き直す「標準報酬」が使われている。

月給に対して適用される「標準報酬月額」は、加入者が受け取る給与を一定の幅で区分した月額に当てはめて決定する。現在は最低の1等級（9万8,000円）から最高の30等級（62万円）までに分かれている[5]。

現行の30等級には、60万5,000円以上のすべての人が該当する。このため、月給に対する保険料は、62万円に厚生年金保険料率を掛けた金額（労使合計で約11万円）が上限となる。給与がこれ以上いくら増えても、負担する保険料は増えない。標準報酬の30等級は厚生年金被保険者全体の6.3%に当たる約219万人に適用されている（2013年3月末現在、厚生労働省調べ）。このように上限が定められているのは、老後の年金が多くなり過ぎることを防ぐのが目的

---

[5] 第6章でも見た通り、厚生年金の適用が今後拡大されることに伴い、標準報酬月額に新たに「8万8,000円」が加わり、既存の等級は1級ずつ繰り下げられ全部で31等級になる予定。

Ⅱ 社会保険方式 3 社会保険方式への批判

である。

年金部会の中間整理は，新たな保険料財源の確保策として「標準報酬の上限を超えた分についても特別に保険料負担を求めることを検討すべきである」とした。さらに，「ただし，新たに負担を求めることとした保険料について，現行の算定式の下で給付に反映させた場合には，現役時代の所得格差を年金支給にそのまま持ち込むこととなり，過剰給付との指摘を招くおそれがある」として，高所得層に対しては，厚生年金の支給額を計算する際に通常より低い給付乗率を適用するなど，何らかの工夫が必要だと指摘した。

❸ 社会保険方式への批判

基礎年金の社会保険方式を維持する改革案は，特に税方式化を主張する論者から，強い批判を浴びている。その中心となる論点は，保険料未納と，それに伴う低年金・無年金の問題を解決できないことである。第3号被保険者制度をめぐる不公平感もなくならない。自営業者などの国民年金保険料が定額で逆進性が強いこと，保険料の負担方法が第1号被保険者と第2号被保険者で異なることについての批判も目立つ。

次節で，社会保険方式を批判する論者の多くが主張する，基礎年金の税方式論について見ていきたい。

III 基礎年金の全額税方式

❶ 税方式とは

(1) 主張の背景

　基礎年金の財源は，保険料と国庫負担が2分の1ずつでまかなわれている。この財源構成を全額税に切り替え，基礎年金に充当される保険料の徴収を廃止するのが，基礎年金の「税方式」化である（「全額税方式」と呼ばれることもある）。

　一般に，税方式の利点としては，次のようなことが指摘されている[6]。①自営業者など国民年金の第1号被保険者の保険料未納がなくなり，空洞化や低年金・無年金の問題が解決する，②厚生年金保険料を抑制できる，③第3号被保険者が「保険料を払っていない」という不公平感が解消できる，④無年金障害者が生じなくなる，⑤20歳以上の学生を保険料徴収の対象としなくて済む——などである。

　また，消費税を年金目的税として財源に充てる場合には，⑥一般財源と比較すれば，年金目的税のほうが財源を安定的に確保しやすい，⑦所得税や住民税のように，自営業者の所得捕捉が不十分な「クロヨン問題」がない，⑧消費税は高齢者も支払うので，世代間格差

---

(6) 「平成11年版 年金白書」163頁などによる。

Ⅲ 基礎年金の全額税方式　1 税方式とは

の是正につながる，⑨法人の負担を軽減することができ，企業の国際競争力が改善する——などの利点があるとされる。

　税方式の主張では，日本に一定期間居住していたことを受給の要件とするという提案が多い。これは居住していれば消費税を支払ったはずであり，その見返りとして年金を受給するという制度は理解が得られやすいという考え方である。

(2)　積立方式論

　基礎年金の税方式論は，公的年金の2階部分については，賦課方式を基本とする現行の財政方式を積立方式に転換すべきだという主張を伴うことが多い。積立方式化した年金の民営化，任意加入化を主張する論者も目立つ。

　ここで，積立方式とは何かについても触れておきたい。

　積立方式は，将来の年金給付に必要な原資を事前に保険料として積み立てる方式である。世界銀行が1994年に"Averting the Old Age Crisis"と題した報告書の中で，望ましい年金改革案として推奨したことをきっかけに，世界の年金関係者の間で注目を集めた。日本でも企業年金や生命保険会社の個人年金などの私的年金は，積立方式で運営されている。

　厚生年金も国民年金も，当初は積立方式で始まったが，現在は賦課方式が基本になっている。終戦直後のインフレで厚生年金の積立金が大幅に目減りしたこと，本人が払った保険料に見合わない水準にまで年金額が引き上げられたことなどによって，なし崩し的に，負担を後の世代に転嫁する賦課方式に変わってきたのである。賦課方式は，現役世代が払った保険料がその時点の高齢者の年金給付に使われ，現役世代が高齢者になった時はさらに下の世代に支えても

らうという「世代間の仕送り」が基本になっている。少子高齢化が進んで高齢者を支える現役世代の割合が少なくなれば，財政が苦しくなっていく。

積立方式の場合，こうした人口構成の変化から制度が受ける影響は相対的に少なくて済むと考えられる。公的年金がもし仮に積立方式で長期間にわたり安定的に運営できれば，賦課方式のような世代間格差の問題は基本的に生じない。このため，積立方式への転換を主張するほぼすべての論者は，世代間格差が是正され制度の持続可能性が高まることを積立方式の利点だと主張している。

ただ，賦課方式から積立方式に転換するためには，いわゆる「二重の負担」問題が不可避的に生じる。制度移行期の現役世代は，自分たちの老後のための積み立てを開始する一方で，すでに年金を受給している高齢者の年金，および現役世代がすでに拠出した保険料に対応する年金の支払いのために，保険料拠出などを続けなければならないのである。このほか，想定を超えたインフレなどの経済変動があった場合に積立金の価値が大幅に目減りしかねないこと，給付水準が事前に確定せず老後の所得保障が不安定になる恐れがあることなども，問題点として指摘されている。

❷ 超党派議員案

(1) 改革案の内容

ここでは2008年12月に自民，民主両党の国会議員7人（自民党

III 基礎年金の全額税方式 2 超党派議員案

から野田毅，河野太郎，亀井善太郎の3氏，民主党から岡田克也，枝野幸男，古川元久，大串博志の4氏）が公表した年金改革案（「いまこそ，年金制度の抜本改革を。」）を取り上げる。この案は公的年金の1階部分を税方式，2階部分を積立方式に転換すべきだという内容であり，税方式案の代表例だと考えられる。

　超党派議員案は，基礎年金を税方式に転換すべきだと提言する理由として，「真の国民皆年金を確立しなければならない」という点を強調する。特に国民年金保険料の納付率が低迷していることを挙げ，「背景には，所得に関わらず定額という逆進的な国民年金保険料負担や，国民年金保険料という大量小口債権を……直接徴収することの限界があろう」と指摘する。また，「もともと自営業者や農林漁業者のための制度である国民年金制度の就業別加入者数をみると，今日では雇用者が約4割と最大のウェイトを占めている」こと，「第3号被保険者は，直接的な保険料負担を負っておらず，加入者としての意識を実感出来ているのかも疑問である」ことも挙げている。

　給付に関しても，「基礎年金は満額でも月6万6,000円と生活保護の生活扶助にも見劣りする上，実際の給付額は月平均5万3,202円である（平成18年度）。……意味のある金額が給付されてはじめて皆年金として機能しているといえよう」とする。さらに，手続き面でも「申請主義」のもとで「貰い忘れ年金などが生じてしまっている」と指摘する。

　こうした問題点を解決するため，基礎年金の役割は「最低生活保障」，2階部分は「従前生活保障」という位置づけを明確にすべきだと主張している。

第 2 部　第 13 章　3 つの類型

改革の具体像として，次のような提言をしている。

▽基礎年金は「1 人あたり，現在の国民年金水準における月額 7 万円程度の給付水準を将来にわたり確保する」。

▽基礎年金の財源は「消費税を基幹税とすることが相当」である。「制度導入時においては，これまでの保険料拠出実績を給付額に反映した場合，消費税換算では 3％強程度の引き上げで賄える額に相当するが，保険料が軽減されることを勘案した追加的な国民負担は 1 兆円程度にとどまる」。また，「高所得者に対しては，年金課税見直し，あるいは，カナダのクローバック制度（引用者注：高所得層の基礎年金給付を減額する仕組み）導入による給付抑制を今後のオプションとする」ことによって，さらに財源の抑制が可能になる。

▽「老後の生活資金が年金のみの場合，単身になることで生活が困窮化する場合がある。これを回避させるため，所得や生活の実態に応じて追加受給ができる制度（現行の生活保護制度との中間の位置づけ）を創設する」。

▽2 階部分を移行させる「積立保険料比例年金」は，保険料の拠出額をあらかじめ決める「拠出建て」とし，対象者は「全就業者を基本とする」。

▽完全積立方式への転換に伴う「二重の負担」問題については，「現行厚生年金報酬比例部分の純債務は，積立保険料比例年金とは明確に切り分け，別会計とし，区分経理」で管理する。「純債務解消期間は少なくとも 50 年を超える長期間が適当」だとする。

Ⅲ 基礎年金の全額税方式 2 超党派議員案

(2) 税方式への移行方法

ところで,税方式を実現する場合,移行方法をどのように設定するかが重要である。過去に未納期間がある人にまで,まじめに保険料を納めてきた人と同じ年金をいきなり支給すれば,大きな不公平が生じるからだ。

超党派議員案は税方式への移行について詳しく説明しておらず,どのようなやり方を想定しているのかはよくわからない。

ただ,税方式論者は一般に,①移行に40年程度をかけて,その間は過去に未納期間があった人の受給額を満額より少なくする,②直ちに新制度に切り替え,旧制度のもとで保険料を払ってきた人には,納付期間に応じた上乗せの給付を行う――のいずれかを想定していることが多い。

このうち①については,若干の説明が必要であろう。

現行の基礎年金は,20歳から60歳になるまでの40年間にわたり保険料を納めると,満額を受給することができる。そこで,この40年間に着目して,次のようなやり方で給付を行うのである。

▽新制度が導入された時点ですでに60歳以上になっていた人には,過去の納付実績に応じて,全額を旧制度から給付する。新制度からは年金を給付しない。
▽新制度が導入された時点で20歳未満の人には,全額を新制度から給付する。
▽新制度が導入された時点で20歳以上60歳未満の人については,新旧両制度の加入期間の長さに応じて,両方の制度から年金を給付する。例えば40歳のときに新制度が導入された人の場合,旧制度のもとでの20年間の納付実績

に応じた年金と，新制度からの20年分の年金の併給を受ける。

(3) 必要財源の試算

税方式の問題点として，基礎年金分の保険料財源が不要になる一方で，必要な税財源が巨額にのぼる問題がしばしば指摘される。この点については，政府の社会保障国民会議が2008年5月に公表した「公的年金制度に関する定量的なシミュレーション」で，詳細に検討を行っている。

必要となる税財源の規模は，税方式への移行方法に大きく左右される。超党派議員案の移行方法はあまりはっきりしないものの，税方式論者の多くが移行に40年をかけて，その間は現行制度の加入期間と新制度の加入期間の長さに応じて，両制度から年金の給付を受ける方式を提言している。仮にこの移行方法を採用し，基礎年金にマクロ経済スライドを適用する場合についての試算結果は，次のようになる。

【試算の前提】

所得による給付制限は行わず，新制度からは全高齢者に同額を給付することを基本とする。給付水準は現行基礎年金と同じ(月6.6万円。試算時点)で，マクロ経済スライドを実施する。2009年度から基礎年金のための保険料徴収を完全に廃止し，一斉に税財源に切り替える。追加的に必要となる税財源，および追加的に必要となる消費税率は，基礎年金の国庫負担割合の2分の1への引き上げが完了していることを前提に，2分の1を超えて必要となる規模を示す。

III 基礎年金の全額税方式　2 超党派議員案

>試算結果：2009年度時点で追加的に必要な税額
>　　　　　　　　　　→　　9兆円（消費税率3.5%）
>　　2025年度　　→　15兆円（　　同3.5%）
>　　2050年度　　→　32兆円（　　同 6%）

仮にマクロ経済スライドを実施しない場合は、さらに追加の税財源が必要になる。

なお、税方式への移行方法としては、上記のような方式のほかに、①高齢者全員に満額を支給し、過去に保険料を納付していたかどうかは考慮しない、②高齢者全員に満額を支給したうえで、過去に保険料を納めた人には納付期間に応じて上乗せを行う――という手法もありうる。

社会保障国民会議の試算によると、①の方式で全員に6.6万円を給付し、マクロ経済スライドを行う場合、必要な税財源は次の通りとなる。

>試算結果：2009年度時点で追加的に必要な税額
>　　　　　　　　　　→　14兆円（消費税率5%）
>　　2025年度　　→　20兆円（　　同5%）
>　　2050年度　　→　35兆円（　　同7%）

未納者にも満額を支給するため、必要な財源は移行に40年かける方法と比べると、特に当面は多くなる。

この移行方法では、過去に保険料を払っていてもいなくても年金

給付は変わらない。これまできちんと保険料を納めてきた加入者が不公平感を抱くことは確実であり，現実的な選択肢とは言えないであろう。

そこで，②の方式のように，40年納付した人には月3.3万円を上乗せし，マクロ経済スライドを行う場合，必要な財源は次の通りとなる。

> 試算結果：2009年度時点で追加的に必要な税額
> 　　　　　　　　　→　24兆円（消費税率8.5%）
> 　　2025年度　　→　31兆円（　同8%）
> 　　2050年度　　→　42兆円（　同8%）

ただ，現行制度では40年間の保険料納付が月6.6万円に相当するのに対し，上記ではその半分しか給付額に反映しない。これではまだ不公平感が完全には解消されないと思われる。

そこで，②で，上乗せする金額を40年満額で6.6万円に増やし，マクロ経済スライドを行う場合，必要な財源は次の通りとなる。

> 試算結果：2009年度時点で追加的に必要な税額
> 　　　　　　　　　→　33兆円（消費税率12%）
> 　　2025年度　　→　42兆円（　同10.5%）
> 　　2050年度　　→　50兆円（　同 9.5%）

このように，必要な財源の規模は，40年かける移行方式と比べて格段に多くなる。

Ⅲ 基礎年金の全額税方式　2 超党派議員案

(4) 社会保険方式との比較

一方、社会保障国民会議は、現行の社会保険方式の骨格を変えずに、基礎年金の最低保障機能を強化する場合の財源規模に関する試算も示した。具体的には、①基礎年金の満額を7万円に引き上げ、そのための財源は税でまかなう、②社会保険方式の項で示した月5万円の最低保障年金を創設する、③受給資格期間を10年に短縮する、④子供が3歳になるまで、職業を問わず基礎年金分の保険料を無料化する——の4点を実現した場合を想定している。

それによると、2009年度時点で必要な税財源は、①が1.2兆円、

〈図表37〉　税方式で各世帯の負担はどう変わる？（社会保障国民会議試算）

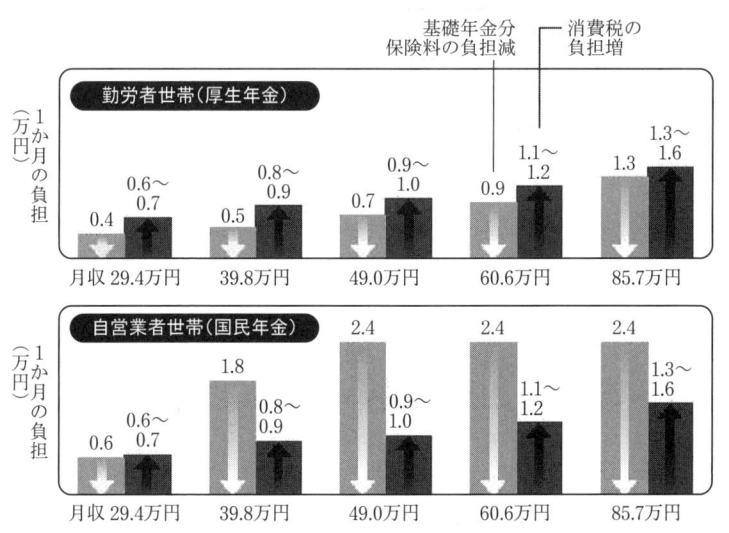

基礎年金分保険料の負担減　　消費税の負担増

勤労者世帯（厚生年金）
（1か月の負担・万円）

月収	29.4万円	39.8万円	49.0万円	60.6万円	85.7万円
保険料負担減	0.4	0.5	0.7	0.9	1.3
消費税負担増	0.6～0.7	0.8～0.9	0.9～1.0	1.1～1.2	1.3～1.6

自営業者世帯（国民年金）
（1か月の負担・万円）

月収	29.4万円	39.8万円	49.0万円	60.6万円	85.7万円
保険料負担減	0.6	1.8	2.4	2.4	2.4
消費税負担増	0.6～0.7	0.8～0.9	0.9～1.0	1.1～1.2	1.3～1.6

※自営業者は1世帯あたりの国民年金加入者が平均1.7人で、月収29.4万円と39.8万円の世帯は保険料の一部を免除されていたと想定した試算
出典：「社会保障国民会議における検討に資するために行う公的年金制度に関する定量的なシミュレーション」をもとに作成

②が1.0兆円，③が0.1兆円，④が1.1兆円で，計3.4兆円となる。消費税率換算では1％台前半に相当する。税方式と比べると，必要な税財源がかなり少なくて済む。この点をどう考えるかが，基礎年金の税方式化を評価する上で大きな論点となる。

(5) 家計への影響

基礎年金を税方式化する場合，基礎年金分の保険料負担がなくなる一方，消費税率引き上げなどの形で租税負担は増える。社会保障国民会議は，このことによる家計への影響についても試算を公表した。

それによると，厚生年金に加入する勤労者世帯は，どの収入層でも負担増になり，年金を受給する高齢者も負担増となる一方で，企業の負担は大幅に減ることになる（**図表37**）。

移行に40年かける方法を取った場合，勤労者世帯はどの収入層でも，保険料がなくなることによる負担軽減より消費税率引き上げの負担増の方が大きい。保険料は労使折半なので，負担減の効果も勤め先事業所と半分ずつになってしまうことが大きな原因である[7]。さらに，収入の少ない世帯のほうが負担の増加率が大きい点も注目される。

一方，自営業者世帯は全般的に負担減となるが，保険料免除を受けている低所得世帯では，負担増になる場合もある。平均的な高齢者世帯では，すでに保険料を払い終えているため，消費税の負担だけが月7,000～8,000円程度増える。

---

[7] もっとも，事業主負担が賃金抑制などの形で従業員に転嫁されていると考えれば，事業主負担の軽減も家計にプラスとなる可能性があり，このように単純に割り切った試算で良いかどうか議論の余地はある。

Ⅲ 基礎年金の全額税方式　3　税方式への批判

一方,企業の保険料負担は全体で年3〜4兆円の減少となる。

税方式への移行方法を,①高齢者全員に満額を支給し,過去に保険料を納付していたかどうかは考慮しない,②高齢者全員に満額を支給したうえで,過去に保険料を納めた人には納付期間に応じて上乗せを行う——という他の方法に変えると,必要な消費税率引き上げ幅が大きくなるため,家計の負担はさらに増えるという結果となった。

❸ 税方式への批判

超党派議員案をはじめとする税方式の改革案は,社会保険方式を維持すべきだとする論者,スウェーデン方式に切り替えるべきだとする論者などから,さまざまな批判を受けている。特に問題なのは,税方式の改革案では基礎年金分の保険料負担がなくなるものの,その一方で,多額の税財源が必要となることである。このため実現可能性に疑問符が付き,仮に実現した場合でも医療や介護など社会保障の他分野に税財源が回らなくなる恐れがある。さらに,新制度に無理なく移行させるためには40年程度の年月がかかるなどの問題点もある。

ここでは宮島洋・東京大学名誉教授による批判を紹介したい[8]。宮島教授は,税方式化によって現行社会保険方式の利点が失われると指摘する。「懸念されるのは,就業(労働所得)や拠出(生活リス

---
(8) 宮島洋「経済教室 年金改革本社報告への視点(下)」日本経済新聞 2008年1月17日付朝刊

クへの備え）を促すという拠出制の社会保険方式固有の長所が消失する恐れである。社会保険方式の拠出制年金は，継続的な保険料拠出の基盤となる就業（労働）が実質的な条件であり，人々に勤労努力，企業に雇用努力，政府に就業・雇用支援政策をそれぞれ促す。こうした誘因は税方式の無拠出制年金には乏しい」と述べている。

宮島教授はさらに，「長期的に見通せば，現行制度の下でも，少子高齢化を背景に基礎年金の国庫負担割合の引き上げ，公費負担割合の高い高齢者医療・介護給付費の増大，少子化対策の本格化などで，社会保険料より公費の確保が重要になる。ここに基礎年金の全額税方式化が加われば，租税財源（公費負担）増額が一層必要になる……こうした社会保障の支出増，そして税収増を実際に長期安定的に確保するのは容易ではない」と指摘している。税方式によって社会保険固有の長所が失われること，巨額の税財源の確保が難しいことなどの指摘は，税方式に対する批判の代表例だと言える。

Ⅳ　所得比例年金＋最低保障年金

❶ スウェーデン方式とは

この類型は，所得比例年金を公的年金の中心に据え，その年金額が少ない人に対しては，税を財源として最低保障年金を給付するという考え方である。スウェーデンが1999年の年金改革で導入した制度がモデルとなっている。

Ⅳ 所得比例年金＋最低保障年金　1 社会経済生産性本部「年金研究会」案

　ここでは代表例として，社会経済生産性本部「年金研究会」がまとめた改革案を取り上げる。

❷ 社会経済生産性本部「年金研究会」案

　社会経済生産性本部「年金研究会」がまとめた改革案は，主査を務めた駒村康平・慶應義塾大学教授（当時は東洋大学教授）を中心に作成された[9]。スウェーデンで1999年から導入された公的年金制度の影響を受けている。

　この案の所得比例年金は「正規労働者・公務員のみならず，自営業，非正規労働者，学生，失業者，生活保護受給者も含め，老齢年金受給者を除く15歳以上の全居住者を加入対象とし，原則所得があれば，所得に応じて保険料を負担する」。また，老齢年金受給のための受給資格期間は設けない。

　給付設計は「給付建て」とする。スウェーデンで採用されている「概念上の拠出建て」は採用しない（スウェーデンの制度については後述）。支給開始後の既裁定年金には，物価スライドを適用する。「夫婦間での年金分割（夫婦の所得比例年金の合計を2で割る）」を行う。

　保険料率は19％で固定し，正規雇用者，非正規雇用者については労使折半，自営業者は全額自己負担とする。

　一方，税を財源に給付する最低保障年金は，「日本に居住している人」に「日本に居住していた期間に比例」する金額を支給する。

---
(9)　以下は社会経済生産性本部［2005］『安心・信頼のできる年金制度改革をめざして』3〜16頁（駒村教授執筆部分）による。

171

給付水準については,「単身世帯は7万円,夫婦世帯は2人で13.3万円」としている。さらに,「最低保障年金は所得比例年金と最低保障年金部分の差額によって支給額が決定され,所得比例年金の拠出に対するインセンティブを与えるためにも,ゆるやかに右上がりの形状をとる。具体的には,単身の場合,現役時の報酬額が約34万円で最低保障年金としての給付額がゼロになるような設計とする」。財源については,「消費税だけでなく,所得再分配効果の働く直接税も財源として考慮するべき」だとしている。

❸ スウェーデンの制度

(1) 改革の背景

次に,社会経済生産性本部「年金研究会」案のモデルになった,スウェーデンの年金制度の内容を見ていきたい[10]。

スウェーデンは,福祉のサービスが充実している代わりに税や社会保険料の負担が重い「高福祉・高負担」の国として知られてきた。1960年代前後の順調な経済発展が,こうした高負担を可能にした。

だが,スウェーデン経済は1991年から3年連続でマイナス成長を記録するなど,90年代に入って危機に直面した。現役世代の負担能力が低下する一方で,高齢者の年金は物価スライドによって引き上げられたため,年金財政の悪化が顕在化した。さらに,日本ほ

---

(10) 以下の記述では,特に井上誠一[2003]『高福祉・高負担国家スウェーデンの分析』(中央法規)を参考にした。

ど急速ではないものの少子高齢化が進み，人口に占める65歳以上の割合が，2050年には約30％になると予想されていた。このため，現役世代が負担する保険料を将来かなり引き上げないと，制度を維持できなくなる見通しが強まった。

当時の制度には，生涯のうち所得が最も高かった15年間を年金計算の基礎とする「15年ルール」が設けられており，生涯所得が同じでも加入者によって年金額に差異が生じていた。このルールを是正し，負担と給付の対応関係を強める必要性も指摘されていた。1999年の年金改革は，こうした問題点を解決することを目的に行われたのである。

スウェーデンの旧制度は，基礎年金の上に付加年金（所得比例年金）が乗る2階建てになっており，その点では日本とよく似た構造だった。1999年の年金改革では，このうち基礎年金が廃止され，2階建てだった制度が所得比例年金に一本化された。これにより，生涯所得と年金額の対応関係を強め，現役世代の勤労意欲を高めることなどが目的である。その年金額が政府の定めた最低水準に達しない人に対しては，新たに設けた「最低保障年金」によって，全額国庫負担で差額を支給することにした。

旧制度では，基礎年金の財源全体に対して，保険料収入が給付費を下回る部分について国庫補助を行っていた。新制度は低所得者を中心に税を集中的に投入し，その部分以外の年金はすべて保険料でまかなうことにしたのである。

(2) 制度の骨格

新制度を図示すると，**図表38**のようになる。

所得比例年金は，賦課方式と積立方式の組み合わせになっている。

第 2 部　第 13 章　3 つの類型

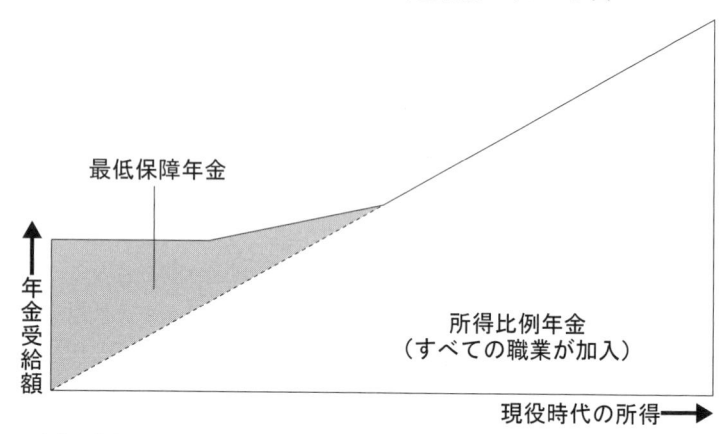

〈図表 38〉　スウェーデンの年金制度のイメージ図

出典：著者作成

保険料率は 18.5％で，このうち 16％分が賦課方式，2.5％分が積立方式で運営される。

このうち賦課方式の 16％部分は，個々の加入者の年金額が「概念上の拠出建て（Notional Defined Contribution System ＝ 略称 NDC）」という特殊な方式で算定される（「みなし拠出建て」などと訳されることもある）。これによって，保険料と年金額の対応関係をわかりやすくしている。

NDC は，概略次のような仕組みである。①個々の加入者の保険料は，加入者ごとに設けられる「個人勘定」に記録される。②この保険料に利子が付いたと仮定する。この利子は，現役世代の名目賃金上昇率を基本として決められる率で運用できたと想定して計算される。年金を受給し始める時点で，「保険料＋利子」の総額がいくらになったかが確定する。③「保険料＋利子」の総額を，その世代

の平均余命で割り，1年当たりの年金額が決まる。

　概念上の拠出建てでは，長寿化が進んだ場合には年金額が減る仕組みになっている。この仕組みによって，財政悪化のリスクは加入者側が負うことになった。

　積立方式の2.5％部分は，加入者が自分の責任で，民間金融機関の年金ファンドの中から運用先を選ぶ。人口構造の変動に弱い賦課方式の弱点を，積立方式を組み込むことで多少なりとも是正するとともに，運用方法を自分で選ぶ仕組みにすることで，年金制度への参加意識を高める狙いがあった。

　所得比例年金の保険料率は，18.5％で将来にわたり固定される。経済情勢や人口動態の変動に応じて，あらかじめ決められた計算方法に基づいて年金を減額する「自動財政均衡メカニズム」も設けられた。

　自動財政均衡メカニズムは2010年に初めて発動され，受給者の年金額が3.0％引き下げられた。2008年のリーマン・ショックの影響を受け，年金基金の資産額が急激に減ったことが原因である。翌11年にはさらに4.3％の引き下げが実施された。これによって年金財政の健全性は確保されたものの，自動財政均衡メカニズムによって年金が減額されうることが改革時点で国民に十分理解されていたとは言えず，新制度に対する国民の批判が強まった。このため，政府は65歳以上に対する税制の基礎控除を拡大し，減税によって年金減額による高齢者の減収の一部を補填せざるを得なくなった[11]。

　一方，最低保障年金は，所得比例年金額が少ない人を中心に支給

---

(11)　厚生労働省「海外情勢報告（2011〜2012年）」291〜292頁

され，居住期間が40年の場合に満額となる。所得が少ない人ほど最低保障年金の支給額は多く，所得比例年金と最低保障年金の合計額は，現役時代の所得が一定水準を超えると，所得が相対的に高かった人ほど少しずつ多くなる。これは働く意欲に悪影響を及ぼさないようにという配慮からだ。

旧制度では基礎年金も付加年金も，支給開始年齢は原則65歳だったが，新制度の所得比例年金は61歳以降で受給開始の時期を選ぶことができる。受給開始を遅らせるほど，年金額は多くなる。制度の移行は20年かけて行い，その間に受給が始まる人は，旧制度に基づく年金と新制度に基づく年金の併給を受けることになる。

❹ 民主党案

(1) マニフェスト

次に，スウェーデンの年金制度を参考に作られた，民主党の年金改革案について見ていきたい。

民主党の2009年衆院選マニフェストには，以下のような内容が記されている。

▽「年金制度創設のための法律を平成25年までに成立させる」
▽「全ての人が同じ年金制度に加入し，職業を移動しても面倒な手続きが不要となるように，年金制度を例外なく一元

Ⅳ 所得比例年金＋最低保障年金　4 民主党案

化する」
▽「全ての人が「所得が同じなら，同じ保険料」を負担し，納めた保険料を基に受給額を計算する所得比例年金を創設する」
▽消費税を財源とする最低保障年金を創設し，全ての人が7万円以上の年金を受け取れるようにする。所得比例年金を一定額以上受給できる人には，最低保障年金を減額する」
▽「社会保険庁は国税庁と統合して「歳入庁」とし，税と保険料を一体的に徴収する」
▽「所得の把握を確実に行うために，税と社会保障制度共通の番号制度を導入する」

民主党は，次のようなイメージ図を公表している。（**図表39**）

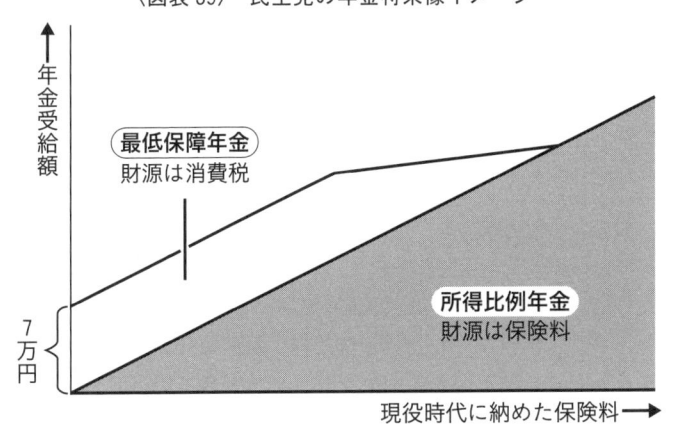

〈図表39〉　民主党の年金将来像イメージ

出典：民主党資料をもとに作成

⑵ 民主党「試案」

マニフェストだけでは，制度の具体的な内容はあまりはっきりしない。

ただ，民主党が設置した「社会保障と税の一体改革調査会」（細川律夫会長＝当時）の「新たな年金制度に関する作業チーム」が2012年9月に公表した「試案」には，さらに詳しい内容が記されている。

⒜ 所得比例年金

試案によると，所得比例年金は次のような仕組みである（要旨）。

---

1. 所得比例保険料

⑴ 保険料率

○保険料率は，老齢給付分として，15％とする。被用者として給与を得ている者については，2分の1を，その事業主が負担する。障害・遺族年金の保険料は，所得比例保険料（老齢給付分）とあわせて別途徴収する。

⑵ 保険料の賦課対象とする所得等

○給与所得者については給与収入とし，事業所得者，農業所得者等については事業所得，農業所得等とする。

2. 自営業者の保険料

○自営業者は，労働者としての性格と雇用主としての性格の両方を有することから，事業所得等に保険料率を乗じて得た額（＝被用者の場合の労使合計額相当）の保険料を負担する。

○制度発足当初の経過措置として，保険料が現行制度の1.5倍以上になる事業所得者等について，制度発足から9年間に限る軽減措置を設ける。軽減措置は，制度発足時の保険料は低

Ⅳ 所得比例年金＋最低保障年金　4 民主党案

く設定し，その後徐々に本来の保険料水準に引き上げ，10年目から本来の保険料の負担を求めるように定める。

3. 夫婦の保険料
○夫婦のそれぞれが納付した保険料は，それらを合算して二分した額を，それぞれの納付保険料として記録し，所得比例年金の計算の基礎とする。

4. 加入対象者
○①日本国内に居住する20歳以上65歳未満の者，及び②日本国内に居住する20歳未満または65歳以上の者で，賦課下限額以上の所得等がある者を加入対象者とする。

5. 所得比例年金（老齢年金）の給付設計
(1) 財政方式
○財政方式は，賦課方式であるみなし拠出建て方式とする。この方式は，納付した保険料は記録上は積み上がるが，現実に資金を積み立てるわけではなく，記録に基づく給付の財源は，次の世代が納付する保険料で賄われるものである。なお，制度切替時に存在する年金積立金も活用し，長期的な財政運営を行う。

(2) 年金額の計算
○年金額の計算は，個人単位で行う。納付した保険料を記録上積み上げ，その合計額を，除数（年金支給開始時の平均余命などを基準として設定）で割って，毎年の年金額を算出する方法（みなし拠出建て方式）で算定する。

○納付した保険料を記録上積み上げる際には，みなし運用利回りを付利して計算する。みなし運用利回りは，1人当たり賃金上昇率をベースにしつつ，現役人口の減少を加味することで，概ね100年間，所得比例年金の財政が維持できるように調整した値とする。

(3) 受給要件（受給資格期間）
○所得比例年金を受給するために必要な「受給資格期間」は，設けない。

(4) 支給開始年齢
○所得比例年金の支給開始年齢は，各加入者が選択できるものとする。その際の受給額は，何歳から受給開始した場合でも，数理的に中立なものになるよう，(2)の除数を設定する。

(5) 次世代育成支援措置
○所得比例年金の枠組みの中で，次世代育成支援措置として，子育て期の保険料減免または子育てを行った者への年金加算その他の措置を行うものとし，その内容・財源措置の在り方について検討する。

以上のうち，マニフェストに書かれていない点で特に重要なのは，所得比例年金の保険料率を15％としている点である。障害年金と遺族年金のための保険料は，この15％とは別に「所得等の3％程度」を徴収する想定で，所得比例年金と合わせると保険料率は18％程度ということになる。

また，自営業者の保険料賦課ベースは事業所得，農業所得とされ

IV 所得比例年金＋最低保障年金　4 民主党案

ている。すなわち，基本的に，収入から経費を差し引いたものである。

　だが，被用者の保険料は給与収入に対して賦課される。必要経費（所得税の「給与所得控除」には経費としての性格がある）を差し引いた後の所得に賦課されるわけではない。すなわち，被用者と自営業者では，賦課ベースの概念が異なっている。民主党案のように賦課ベースが異なる被用者と自営業者に同じ所得比例保険料率を課すと，不公平感が生じる可能性が高いといえる。

　会社員は事業主が保険料の半分を負担するのに対し，自営業者（現在は国民年金の第1号被保険者）は全額を自分で負担する必要がある。試案で自営業者の負担増に配慮して9年間にわたり，保険料軽減の移行措置を講じる考えが示されている点も目を引く。その具体的内容によっては，被用者側が不公平感を抱くことも考えられる。

　受給額の決定方法に関しては，スウェーデンで採用されている概念上の拠出建て（みなし拠出建て方式）と同様の考え方が採用されている。また，現行の基礎年金は20歳以上60歳未満の全員が強制加入対象とされているが，民主党案では対象年齢が65歳未満にまで拡大されている。

　このほか注目されるのは，夫婦の年金について，夫婦合計の保険料を2で割った金額に対応する年金を夫と妻それぞれに支給する「二分二乗」（賃金分割）の考えが盛り込まれている点である。同様の方式は，社会経済生産性本部「年金研究会」案にも採用されているが，"本家"のスウェーデンの年金制度には存在しない。スウェーデンでは子育てしながら就労する女性が多く，老後に自分名義の所得比例年金を受給できるのに対し，日本では専業主婦世帯が相当数

にのぼることに配慮した措置である。第8章で取り上げたように，日本では2004年の年金改正で厚生年金の「3号分割」が導入されたが，対象は専業主婦（第3号被保険者）世帯が離婚した場合に限られている。これに対し，民主党案の二分二乗は離婚せず，共働きで夫婦間に賃金差がある場合にも，老後の年金を同額にする効果がある。

また，仮に民主党案で二分二乗を採用しなければ，専業主婦は賃金ゼロなので保険料ゼロ，所得比例年金の給付もゼロとなる。一方で，最低保障年金は満額が支給される。その場合，現行の第3号被保険者制度が「専業主婦優遇」と批判されているのと同様の不公平感が生じる可能性がある。二分二乗の採用は，こうした問題点を回避することも目的のひとつだと思われる。

(b) 最低保障年金

最低保障年金についての要旨は次の通りである

---

1. 最低保障年金の基本的な考え方

○最低保障年金は，新しい年金制度に加入してきたが所得比例年金の額が低い者に補足的に給付し，所得比例年金と最低保障年金を合わせて，高齢期に一定額以上の公的年金を受給できるようにするもの。

○現在の国民年金保険料は定額で，特に低所得者に負担感があり，一方で低所得者として減免措置を受けると将来の老齢基礎年金が低い額になる。この問題に対応し，低所得である若者などにも負担能力に応じた払いやすい保険料にするため，所得比例年金を導入するが，これを補足する最低保障年金と

組み合わせることで，公的年金の給付額が，所得比例年金と合わせて一定以上の水準になるようにするもの。

2. 最低保障年金の給付設計
(1) 年金額の計算
○年金額（満額）は，月額7万円（平成24年度価格）とする。
○最低保障年金額のスライドは，みなし運用利回りに応じて行う。

(2) 受給者の範囲
○満額を受給できる者の範囲及び何らかの額を受給できる者の範囲については，①生涯平均年収で，零から一定の収入レベルまでは満額を給付し，それを超えた点より徐々に減額を行い，ある収入レベルで給付額を零とする。

(3) 受給要件
○20歳以上65歳未満の日本への居住期間が3年に満たない者には，最低保障年金は支給しない。
○20歳以上65歳未満の日本への居住期間が40年に満たない者に係る最低保障年金額は，(1)により算定される額に，居住年数／40を乗じて得た額とする。
○納付した保険料額が納付義務のあった保険料額に満たない者に係る最低保障年金額は，(1)により算定される額に，納付保険料額／納付義務保険料額を乗じて得た額とする。

(4) 支給開始年齢
○最低保障年金の支給開始年齢は，65歳とする。

第 2 部　第 13 章　3 つの類型

> ⑸　財　源
> 〇財源は消費税とする。

　最低保障年金については，所得制限をどのように設定するかが非常に重要である。

　マニフェストと試案には，所得制限の金額に関する具体的な言及はない。ただ，2007 年に当時の民主党代表だった小沢一郎氏が，生涯平均年収が 600 万円超の人は減額し，1,200 万円超の人には支給しないと表明したことがある。生涯平均年収の定義は不明だが，厚生労働省の平成 24 年国民生活基礎調査によると，全世帯のうち年収 600 万円超の世帯は 33.6％，1,200 万円超の世帯は 6.7％である。少なくともその時点では，年金受給者のかなりの部分に満額を支給し，まったく受給できないのは少数，というイメージで考えられていたと言ってよいだろう。

　先に見た社会経済生産性本部「年金研究会」案およびスウェーデンの制度は，最低保障年金を低所得者を中心に給付することが大きな特徴である。民主党案の最低保障年金を中堅所得層にも満額支給することになれば，これらの制度とはかなり異なった性格の給付となる。スウェーデン型の最低保障年金というよりは，むしろ基礎年金を全額税方式化して原則一律給付し，高所得層に限って給付制限を付けた制度に近づくとも言える。

　ただ，その一方，民主党は 2005 年に設けられた衆参両院の「年金制度をはじめとする社会保障制度改革に関する両院合同会議」で，所得比例年金の保険料を納めない人には，最低保障年金を支給しない考えを表明した。鳩山政権の発足後も，当時の長妻昭厚生労働相

IV 所得比例年金＋最低保障年金　4 民主党案

が国会答弁で，同様の考えを表明している[12]。試案にも，納付した保険料額が納付義務のあった保険料額に満たない場合はその分を減額することが明記されている。

そうだとすれば，保険料負担と最低保障年金の給付の間には何らかの対応関係があることになる。一般に年金の議論では，財源の名目が税であるか保険料であるかにかかわらず，負担と給付の対応関係が強い年金制度を「社会保険方式」，負担と給付の対応関係が断ち切られている制度を「税方式」ととらえることが多い。この意味では，民主党案の制度体系は全体として社会保険方式の性格が強いと考えることができる。

また，一般に全額税方式では，保険料徴収がなくなるため未納が生じないことが利点とされるが，民主党案では未納による無年金や低年金の発生が予想される。

このように，民主党案の制度体系は，所得比例年金＋最低保障年金（スウェーデン方式）なのか，それとも基礎年金の全額税方式なのか，その性格はあいまいである。

(c) 必要な税財源

最低保障年金に必要な税財源の規模は，所得制限の基準額をどう決めるかによって変わってくる。民主党は2005年の衆院選マニフェストに，年金目的消費税を創設する方針を明記し，当時の岡田克也代表はその税率を「3％」と明言していた。だが，民主党はこの方針をその後，白紙に戻している。

注目されるのは，民主党の「新たな年金制度に関する作業チーム」が2012年9月の「試案」と同時に公表した財政試算である。

---

(12) 2010年2月26日，衆院予算委員会

第 2 部　第 13 章　3 つの類型

それによると，2075 年時点で最低保障年金に必要な財源は 58.7 兆円で，消費税率に換算すると，すでに予定されている消費税率 10％への引き上げとは別に，最大 6.2％分の追加増税が必要になる。

この試算は最低保障年金について，「生涯平均年収 260 万円までに対応する所得比例年金の者は満額（現在月額 7 万円）支給，所得比例年金が 12.3 万円の者はゼロ」と想定している。

満額が支給される生涯平均年収の「260 万円」は，2007 年に小沢代表（当時）が表明した「600 万円」を下回る。また，最低保障年金がゼロになる所得比例年金の月 12.3 万円という水準は，厚生年金を受給する単身男性の標準的な年金月額をもとに決めたと説明されている。このように，最低保障年金の支給対象をかなり限定しても，消費税率の大幅な引き上げが必要になる。民主党案の実現可能性に疑問を投げかける結果と言えるだろう。

(d)　移 行 方 法

新制度への移行方法については，次のように記されている。

○ 老齢年金（所得比例年金・最低保障年金）については，新制度への加入期間を基礎に算定し，現行制度への加入期間に対する給付（現行制度で納めた保険料に対する給付）は，現行制度に基づいて行う。したがって，制度切り替え時の現役世代は，将来，現行制度に基づく給付と新制度に基づく給付の合計額を受給する。

○ 既裁定者（現行制度による受給者）に対する給付は，制度切り替えによる影響を受けない。

以上の内容は，税方式に 40 年かけて移行させる方法と，基本的

に同じ考え方である。すなわち，制度切り替え時点の現役世代に対しては，旧制度による給付と新制度による給付を併給するのである。民主党がマニフェストで掲げた「全ての人が7万円以上の年金を受け取れる」という状況が実現するのは，移行期間が終了した後のことになる（しかも，所得比例年金の保険料未納をなくすことが条件である）。現行制度のもとでの低年金の問題は，相当長期間にわたり解消しない。

第 2 部　第 14 章　望ましい改革の方向性

第14章　望ましい改革の方向性

❶ 3類型の評価

　ここまで見てきた改革案の3類型（①基礎年金の社会保険方式を維持する，②基礎年金を税方式化する，③所得比例年金＋最低保障年金の「スウェーデン方式」）のうち，どの考え方で今後の改革を進めるべきであろうか。

　著者は，当面は①のように，今の制度体系の大枠をあまり変えず，漸進的に改革を進めるのが現実的だという立場を取っている。ただし，国民年金の未納問題に代表される社会保険方式固有の諸問題に対して，あまりすっきりした解決策を持たないことは認めざるを得ない。それでも①の立場を取るのは，現行制度（特に基礎年金）へのアンチテーゼとして盛んに主張されている②の税方式案に，かなり問題が多いと考えていることが大きな理由である。また，③のスウェーデン方式については，理念の上では優れているものの，日本ですぐに採用するにはハードルが高すぎると考えている。さらに，民主党の年金改革案については，民主党が政権の座にあった3年余りの間に説得力ある具体案を示せなかったことに端的に表れている

❷ 社会保険方式

(1) 利　点

①の類型に属する改革案の大きな利点は，負担と給付の対応関係が明確な社会保険の特質が，基礎年金の部分でおおむね維持されることである。

日本の社会保障制度のグランドデザインを描いた1950年の社会保障制度審議会「社会保障制度に関する勧告」(いわゆる「50年勧告」)は，社会保険の意義と特質について，次のように述べている。

「国民が困窮におちいる原因は種々であるから，国家が国民の生活を保障する方法ももとより多岐であるけれども，それがために国民の自主的責任の観念を害することがあってはならない。その意味においては，社会保障の中心をなすものは自らをしてそれに必要な経費を拠出せしめるところの社会保険制度でなければならない」。社会保険方式の年金制度には，自らの老後に自ら保険料を拠出して備えるという性格がある。こうした自主的責任の観念が損なわれると，現行の年金制度はその性格を大きく変えることになる。

社会保険方式は，稼得能力の喪失や疾病などといったリスクをいわゆる「大数の法則」によって分散するために，保険の技術を用い，保険料などを財源として給付を行う公的な制度である。歴史的には，ドイツのビスマルクが1880年代の一連の立法によって創設し，受

給に伴う屈辱感（スティグマ）など従来の救貧法の欠点を持たない保障方式として各国に普及した経緯がある。日本の公的年金制度も，当初から社会保険方式が基本とされてきた。

民間の生命保険や損害保険などと同様の保険原理に基づいているが，国民の生活保障機能を果たす目的から，扶助原理に基づくさまざまな修正がなされている。例えば基礎年金の給付費は2分の1を国が負担しており，国民年金保険料の免除を受けた人，あるいは保険料を個別には納めない国民年金の第3号被保険者に対しても支給される。20歳前に障害を負った場合には，その時点で年金制度に加入していなくても，要件を満たせば障害基礎年金が支給される。男女の平均寿命が異なり，平均的な年金受給期間は女性のほうが長いのに，公的年金の保険料（率）に男女差が設けられていないなど，私保険にみられる厳密なリスク計算は行われないことが多い。

(2) 負担と給付の対応関係

社会保険制度では，加入者が支払う社会保険料と受け取る給付の間に対応関係がある。たとえば公的年金では，原則25年以上の保険料拠出を要件として老齢年金の給付が行われることから，対価性あるいは牽連性があり，そこに由来する権利性が相対的に強いことは明らかである。

では，税方式はどうか。租税は，国または地方自治体がさまざまな政策を実現するために，強制的に徴収する金銭であり，社会保険料と類似性があるように見える。とは言え，租税と社会保険はその本質に違いがある。金子宏・東京大学名誉教授による租税法の代表的体系書が，租税を「国家が，特別の給付に対する反対給付としてではなく，公共サービスを提供するための資金を調達する目的で，

2 社会保険方式

法律の定めに基づいて私人に課する金銭給付である」と定義しているように[13]，基本的には非対価性を特徴とする。このため税方式の給付には一般に，税金を納めたからといって必ずしも給付を受ける根拠にはならず（非対価性），税額と給付額は基本的に無関係である（非等価性）という特徴がある。財政が厳しくなった場合の給付減額が，社会保険方式の年金と比べると行われやすいのではないかと考えられる。

また，社会保険料は対価としての給付が存在することから，政治的にみて，租税と比べれば負担増に国民の理解を得やすいと言える。

①の類型の改革案では，社会保険の特質が基本的に維持される。保険料の納付実績が年金記録として将来にわたり保管され，給付額はその記録を根拠として決定される。納付実績が年金記録として残らない税方式の基礎年金と比べれば，給付の権利性が保たれ，大幅な給付減額や所得制限の導入による受給者の絞り込みが行われにくいと考えられる（だからこそ年金記録問題は罪深いのであり，決して再発を許してはならない）。

さらに，税方式には大幅な消費税率引き上げが実現可能かどうか，移行方法をどうするかなど，さまざまな問題点がある。これに対し，社会保険方式を維持する案は，制度の大掛かりな組み替えを避けることができるため実現可能性が相対的に高く，改革に伴う混乱も比較的少なくて済むと思われる。このことは，やはり大きな利点であろう。

---

(13) 金子宏［2013］「租税法（第18版）」弘文堂8頁

(3) 年金部会案の問題点

　この案の問題点は、税方式論者による現行制度への批判とかなりの部分が重なり合う。すなわち、最大の問題は未納を完全にはなくすことができず、将来にわたり低年金・無年金の発生が避けられないことである。

　第3号被保険者をめぐる不公平感も解消しない。非正規労働者に厚生年金の適用拡大を進めると、自営業者（第1号被保険者）より少ない保険料負担で、基礎年金に加えて2階部分の厚生年金も受給できるという「逆転現象」が拡大する。これらはいずれも、基礎年金を税方式に転換すれば、基本的には解決する問題である。

　年金部会案には未納対策として、国民年金の適用年齢を見直して、保険料納付率の低い20歳代前半を強制適用対象から外すことが盛り込まれた。ただ、これは徴収強化に積極的に取り組むというより、徴収しにくい年齢層からの徴収を回避するという、いわば消極策である。20歳代前半にも勤労者が多数おり、現に保険料を支払っていることを考えると、このような対策が果たして妥当なのかは疑問である。年金部会案では、パート労働者への厚生年金の適用拡大によって国民年金保険料の対象者が減り、未納者の減少が見込めるとはいえ、他には積極的に徴収体制を強化するための対策が見当たらない。このことが年金部会案の問題点の一つだと言える。

(4) より望ましい改革案

　では、基礎年金の社会保険方式を基本的に維持する場合、より望ましいのは、どのような改革案であろうか。以下では年金部会案をベースとし、どのように改良すべきかを考えてみたい。

2 社会保険方式

(a) **保険料徴収対策**

　社会保険制度を運営していく上で，保険料を確実に徴収することは基本中の基本といえる。にもかかわらず，第1号被保険者が支払うべき国民年金保険料の納付率は低迷しており，このことが，税方式論などが盛んに主張される理由になっている。より強力な保険料徴収対策を打ち出す必要があるが，年金部会案がこの問題にきちんと向き合っているとは言えない。

　保険料徴収に関しては，次のような対応が必要だと思われる。

　まず，体制の強化である。国民年金保険料の徴収業務は全国312か所の年金事務所で行われているが，年金事務所の現場では年金記録問題への対応に人手を取られ，国民年金保険料の徴収業務に十分な対応ができていないのが実態といえる。

　全国約1,700の市町村に，徴収業務の一部を委託することが選択肢となる。国民年金保険料の徴収は，かつて市町村が行っていたが，2002年度から旧社会保険庁に移管されたため，保険料納付率の低下を招いた。市町村は日本年金機構より住民の実情をきめ細かく把握しており，納付率の向上が期待できる。

　「歳入庁」を創設して国税庁と日本年金機構の徴収部門などを統合し，税と保険料の徴収を一元化すべきだという主張も目立つ。こうした案も改革の選択肢になるが，未納者は多くが現在は国税庁による所得税の徴収対象となっていないため，徴収一元化で業務がどこまで効率化するのか見極めが必要になる。

　また，第1章で見たように，本来は自営業者や無職の人が想定されていたはずの国民年金の第1号被保険者は，現在，4割弱が「常用雇用」「臨時・パート」といった被用者で占められている。厚生年金の適用拡大を進め，第1号被保険者となる被用者の人数を減ら

第 2 部　第 14 章　望ましい改革の方向性

す必要がある。

　それでも第 1 号被保険者として残る被用者については，厚生労働省が委託する形で，事業主に国民年金保険料の徴収を代行させることが望ましい。2013 年に法律が成立した社会保障・税共通番号を利用して，厚生労働省が事業主に徴収する保険料額を連絡し，事業主が給与から天引きして国に納める仕組みを作るのである。本人にも保険料天引きについて通知して確認を求めるなど，事業主による横領などの不正が起きないようにする仕組みも必要であろう。

　年金部会案に盛り込まれた国民年金の適用年齢見直し案は，弥縫策に過ぎず，採用しないほうがよいと考えられる。

　低年金者の年金額をかさ上げする方策としては，年金部会案を踏まえた検討の結果，「年金生活者支援給付金」を給付する法律が 2015 年 10 月から施行される予定になっている。ただ，この制度では無年金者は給付の対象外となる。受給資格期間の 25 年から 10 年への短縮でも，まだ無年金者はなくならない。

　所得の低い人が無年金になるのを防ぐために，「職権免除」を導入すべきではないだろうか。現行の 4 段階の免除制度は，本人の申請に基づいて適用される（申請免除）。この免除を被保険者本人からの申請を待たず，厚生労働省および日本年金機構側から積極的に働きかけ，同意を得た上で職権によって行えるようにしてはどうか。

(b)　負担と給付の対応関係を明確化

　新たに設けられる予定の年金生活者支援給付金は，年金制度の枠外で行われる福祉給付であるとはいえ，実質的には年金額をかさ上げする趣旨であり，年金制度の負担と給付の対応関係を弱める面がある。社会保険の長所を維持，強化する観点からは，何らかの別の

2 社会保険方式

方法によって,制度全体での負担と給付の対応関係を明確にする改革を行うことが望ましい。

そのための方策として,次の2点が考えられる。第3号被保険者制度を見直すことと,在職老齢年金制度の年金減額を緩和または廃止することである。

第3号被保険者制度は,サラリーマン世帯の専業主婦などが,個別に保険料を納付しなくても老齢基礎年金を受給できる制度である。この制度については,第3号被保険者の配偶者が負担した保険料は夫婦が共同して負担したものであることを基本的認識とする旨が,2004年改正で厚生年金保険法に明記された。

とは言え,第3号被保険者の夫にも,それ以外の厚生年金加入者と同じ保険料率が適用されている。第3号の夫が妻分の保険料を割り増しで支払っているわけではない。このため,負担と給付の関係が希薄な制度であることは間違いなく,少なくとも人々の意識のレベルでは対価性を認識しにくい。このことが,専業主婦世帯を優遇し過ぎているという批判につながっているのである。

第8章で紹介した,「女性と年金検討会」が示したⅠ～Ⅵ案までのうち,Ⅰ案(賃金分割)かⅡ～Ⅳ案(保険料徴収)のいずれかを採用すべきである。それが直ちに難しければ,パートへの厚生年金の適用拡大などで第3号被保険者の数が少なくなったところで,時機を見て見直しを行うことが考えられる。

在職老齢年金制度は,60歳以上の厚生年金被保険者の就労調整の原因になっている。年金減額が,厚生年金における負担と給付の対応関係を希薄化していることは明白である。

この制度は,働いて収入のある高齢者に対してまで一律に年金を

支給することに，今後さらに負担が増えていく現役世代の理解を得ることが難しいという政策判断から設けられている。だが，公的年金に対する課税を現役世代の給与所得並みに強化し，それによる税収増を基礎年金の国庫負担財源に繰り入れることなどにより，減額を緩和，あるいは制度を廃止しても，現役世代の理解をある程度は得られるのではないか。

(c) 基礎年金の給付水準

現行の老齢基礎年金は，40年加入の満額で月約6万4,000円であり，生活扶助の基準額を下回る場合があることが問題になっている。基礎年金による生活保障機能を強化し，保険料納付意欲を高める観点から，本来は給付水準の引き上げが望ましい。

だが，2004年改正では基礎年金にもマクロ経済スライドを適用し，給付水準を徐々に引き下げることが決まった。生活保障機能が劣化し，特に都市部では生活扶助の基準額との逆転が一層拡大すると予想される。加入者の納付意欲が失われたり，生活保護を受給する高齢者がさらに増えたりしかねない。

基礎年金にはマクロ経済スライドを適用せず，2004年改正以前のように物価スライドで金額を改定していくことも選択肢だが，その場合，2004年改正で法定された最終保険料（国民年金は月1万6,900円＝2004年度価格，厚生年金保険料率18.3%）は引き上げを迫られる。支給開始年齢を引き上げて年金減額を抑えたり，あるいは現在は20歳以上60歳未満の40年間とされている加入年齢を，65歳未満までの45年間に延ばしたりすることも選択肢といえる。

❸ 税 方 式

(1) 長所と短所

　基礎年金の財源を全額税でまかなう改革案について，本書では超党派議員案を代表例として取り上げた。この案の最大の長所は，すでに見たように，保険料未納問題を解決でき，低年金・無年金に陥る人が将来的にはいなくなることである。第3号被保険者制度をめぐる不公平感も解決する。年金を受給している高齢者も消費税を負担するため，世代間の不公平感がいくぶん緩和される。行政の保険料徴収部門を縮小することができ，行政改革にも資する。給与が少ない非正規労働者を厚生年金に加入させる場合でも，自営業者より少ない負担で基礎年金だけでなく厚生年金も受給できる「逆転現象」が起きないため，非正規労働者に対する厚生年金の適用拡大の障害が少なくなる。

　ただ，その一方，消費税率の大幅な引き上げが必要となる。すでに見た社会保障国民会議の試算によると，税方式化のため新たに必要となる税財源は，社会保険方式を維持する場合と比較すると格段に多く，その分，公費を必要とする他の社会保障分野に税財源が回らなくなる可能性が高い。しかも，財源は高齢化が進むにつれて増大する。消費税率引き上げなどで確保できるかどうかは未知数であり，確保できなければ給付水準の大幅な切り下げにつながりかえない。

　また，40年かけた移行方法を採用する場合，その間は低年金・無年金問題が解消せず，救済策が別途必要となる。基礎年金分の保

険料負担がなくなる一方，消費税率が引き上げられるため，社会保障国民会議の試算によると，勤労者世帯や高齢者世帯はどの所得階層でも負担増になる。

(2) 弱い権利性

特に問題なのは，1階部分について，社会保険方式が持っている固有の長所が失われることである。

税方式案の多くは，基礎年金の財源を目的税としての消費税と想定している。その場合には普通税と異なり，使途が年金に特定される。税方式の給付だからと言って，権利性がないとはもちろん言えない。だが，それでも社会保険方式のもとで保険料の納付実績が年金記録として将来にわたり保管され，給付額がその記録を根拠として決定されるのと比較すれば，税方式における負担と給付の関係は相対的に弱いと考えられる。外国ではカナダのクローバック制度のように，税方式の給付に事実上の所得制限が付けられている例があり，日本で基礎年金が税方式化された場合にも，所得制限が付く可能性は少なからずあると見られる。

第7章で触れた被用者年金一元化法では，共済年金の既裁定年金のうち「追加費用」という税財源が投入されている部分だけが給付削減の対象となり，加入者の拠出する保険料でまかなわれる部分については給付削減の対象とされなかった。また，政府が2011年6月に決定した社会保障・税一体改革成案には，結局実現は先送りされたものの，高所得者の基礎年金のうち国庫負担分を減額する案が盛り込まれた。これらは社会保険方式の制度の一部に組み込まれた税財源部分に関する事例であるものの，税を財源とする給付の権利性が相対的に弱いことを端的に物語っている。

3 税方式

　また，税方式では，年金制度の性格が現行基礎年金の「共助」から，「公助」の方向へと変質する。自助努力で保険料を納めて老後に備える現行制度と比べて，一定の年齢になれば税で一律に生活の基礎的費用を支給する仕組みは，日本の社会・経済のあり方と果たして整合的だろうか。一定期間，日本に住めば受給できる制度において，人々に労働を促すインセンティブは，社会保険方式と比べて乏しくなると言わざるをえない。

(3) 未納をどう考えるか

　以上のようなデメリットがあっても，なお税方式に切り替えるべきかどうかは，税方式の最大の利点である未納問題の解消をどう評価するかにかかってくる。

　未納の増加は，極めて憂慮すべき問題である。未納者が障害を負って無年金になるケースも生じている。未納は将来の生活保護受給者の増加につながるため，いずれは国や自治体の財政負担を膨らませ，増税などの形で将来世代が負担せざるを得なくなる可能性が高い。高齢化が進んだ地域の経済に，深刻な影響を及ぼすことも懸念される。

　ただし，未納者には将来その分の年金が支払われないことから，未納の増大が年金財政にさほど深刻なダメージを与えるわけではない。政府には納付率向上のため不断の取り組みが求められるが，未納問題があることを理由に，長年にわたり国民に定着し，負担と給付の対応関係という利点を持つ社会保険方式を捨てて，税方式を採用する必要があるかどうかは疑問である。

(4) 積立方式について

　2階部分の完全積立方式化案については，「二重の負担」問題を

どう解決するのか，想定を超えたインフレに耐えられるかなど課題が多く，あまり現実的な選択肢となりえていないように思われる。ただし，所得比例年金の一部を積立方式化したスウェーデンのように，厚生年金の一部分だけを積立方式化することは検討に値する。スウェーデンのように，その部分の運用方法を複数のファンドから自分で選ぶようにすれば，若い世代の年金制度への関心を高めることにつながる可能性もある。とは言え，2階部分の一部積立方式化は，必ずしも1階部分の基礎年金を税方式化しなくても，社会保険方式のままで実現可能である。

❹ 所得比例年金＋最低保障年金

(1) スウェーデン方式の利点

③の類型である所得比例年金＋最低保障年金（スウェーデン方式）の特徴は，どの職業でも同じ年金制度に加入することである。

被用者年金（厚生年金と共済年金）と国民年金（第1号被保険者）が職業によって分立している今の制度は，負担と給付が制度によって異なるため，国民の不公平感の原因になっている。職業や結婚など人生のさまざまな選択に対しても，中立的とはいえない。制度が分立していることによって，産業構造や人口構成などの変化に対して脆弱な面もある。しかも，転職などで届け出が必要となり，年金記録問題の原因にもなっている。

この案では，基本的にはどの職業でも所得が同じなら同じ保険料，同じ年金給付というわかりやすい制度になる。職業や婚姻によって

4 所得比例年金＋最低保障年金

有利, 不利が生じることはなく, ライフスタイルの選択に中立的である。制度の分立状態が解消されることは, 財政の安定性を確保する上でもプラスに作用すると考えられる。

現行基礎年金の国庫負担は, 高所得層の給付にも一律に投入されている。基礎年金の税方式論も, 所得制限をどう設定するかによるものの, 基本的には税による一律給付を志向している。こうした制度と比べると, スウェーデン方式の最低保障年金は, 税の投入を低所得層に重点化することになる。この結果,「従前所得保障＝保険料」,「最低保障＝税」というように, 保険料と税の役割分担が明確になる。

最低保障年金の性格は, 所得比例年金で不足する生活費を補うという点で, 生活保護の補足性原理と似た面を持つ。これまで高齢者が受給してきた生活保護費のかなりの部分が最低保障年金に置き換わる結果, 生活保護の給付費を縮小できる可能性がある。

代表例として取り上げた社会経済生産性本部「年金研究会」案について言えば, 所得比例年金は, 例えば報酬が2倍になれば年金給付も2倍になるというように, 負担と給付の対応関係が明確な制度になっている。所得再分配機能は, 基本的に補足的給付としての最低保障年金が担う構造となっており, 制度体系全体としてみれば所得比例年金の占める比重がかなり大きい。負担と給付の対応関係が明確な社会保険の特質が基本的には保たれているため, 自助努力で保険料を納めて老後に備えるという性格が大きく崩れるわけではない。最低保障年金は, 基礎年金の税方式化のように一定の年齢になれば税で一律に生活の基礎的費用を支給する制度とは異なり, あくまで低所得者に対する補足給付という位置づけであり, 制度設計上も働くインセンティブに一定の配慮が払われている。

第 2 部　第 14 章　望ましい改革の方向性

　さらに，最低保障年金には現行の生活保護のような資力調査（ミーンズテスト）が課せられるわけではないので，屈辱感（スティグマ）は比較的，問題にならないと考えられる。

(2) 問 題 点

　問題は，果たして日本で実際にこのような制度を円滑に運営できるかどうかである。特に，自営業者などの所得を正確に捕捉しない限り，過少申告で所得比例年金の保険料を逃れた人が最低保障年金を満額受給するなどの不公平が起きるだろう。基礎年金の社会保険方式維持を主張する論者，税方式への転換を主張する論者の多くは，このことを問題点として指摘する。

　自営業者の所得捕捉の問題は「クロヨン問題」とも呼ばれ，長年にわたり改善が先送りされてきた。社会保障と税の「共通番号」の運用が 2016 年に始まることで，所得捕捉はいくぶんの改善が期待できる。だが，自営業者の経費をどこまで認めるかをめぐる不透明感などは，依然として残るだろう。番号制度だけで所得捕捉の不公平感を解消することは難しい。

　また，民主党案の説明で触れたように，給与所得者と自営業者では，そもそも「所得」の定義が異なる。にもかかわらず，同じ保険料率を課すことが果たして公平なのかという疑問もある。

　国民年金保険料の未納者が多いことを考えれば，自営業者グループ（第 1 号被保険者）が，果たしてどこまで被用者グループと同等の年金を求めているのかも疑問の余地がある。自営業者には被用者年金のような労使折半の事業主負担がなく，多くの自営業者は現行の国民年金保険料より負担が増える可能性が高い。

　さらに，制度の移行に数十年という長期間を必要とする。その間

は低年金・無年金問題が解消せず,別途の救済策が必要になる。実現に向けたハードルは相当高いと思われる。

5 結　論

　基礎年金の税方式化には問題が多い。スウェーデン方式についても,優れた点があることは認めつつ,日本で直ちに採用することは難しいと言わざるをえない。だとすれば,様々な問題を抱えているにせよ,当面は社会保険方式の基礎年金を手直しして使い続けることが,最も現実的ではないだろうか。社会保障審議会年金部会の提言をベースとして議論を深め,第3号被保険者制度や在職老齢年金制度を見直して負担と給付の対応関係を明確化し,さらには徴収強化策も講じるなどの改革を一歩ずつ着実に進めるべきだと考える。特に,厚生年金の適用拡大は非正規労働者の老後の所得保障を充実させるだけでなく,未納を減らす効果なども期待できるため,早急に取り組むべき重要な課題である。

　最後に1つ付け加えたい。

　どのような制度体系を採用しても,急速な高齢化に対応して年金制度を持続可能なものとするために,負担と給付の見直し(現行の「保険料水準固定方式」を前提とすれば,支給開始年齢の引き上げなど給付の見直し)は避けられない。年金改革をめぐる近年の議論は,制度体系のあり方に関することに偏り過ぎ,その間に本来行うべき負担と給付の見直しが先送りされてきたのではないだろうか。

第 2 部　第 14 章　望ましい改革の方向性

　厚生労働省による年金財政の将来見通しは「前提が甘過ぎる」という批判を受けている。日本の経済・社会が今後どうなるかは見通せないが，出生率，賃金上昇率，積立金の運用利回り，女性や高齢者の就業状況など，今の財政見通しが前提とする条件が年金財政を悪化させる方向に外れた場合には，後になって保険料の引き上げや給付削減が必要になる。

　年金の財政見通しを常に厳しい目で再検討し，給付削減や負担増が必要であれば，できるだけ早く実現しなければならない。当初の予定通り作動していないマクロ経済スライドを見直して確実に給付削減を行うこと，支給開始年齢を将来さらに 67〜68 歳に引き上げることなども，今後の改革で有力な選択肢となる。今はまだ子どもの世代，あるいはまだ生まれていない世代に，負の遺産をこれ以上先送りすることは決して許されない。

主要参考文献

井上誠一 [2003]『高福祉・高負担国家スウェーデンの分析』中央法規
岩村正彦 [2001]『社会保障法Ⅰ』弘文堂
牛丸聡 [1996]『公的年金の財政方式』東洋経済新報社
江口隆裕 [1996]『社会保障の基本原理を考える』有斐閣
江口隆裕 [2008]『変貌する世界と日本の年金』法律文化社
大谷泰夫 [2000]『ミレニアム年金改革』国政情報センター
小塩隆士 [1998]『年金民営化への構想』日本経済新聞社
小塩隆士 [2005]『人口減少時代の社会保障改革』日本経済新聞社
小塩隆士 [2010]『再分配の厚生分析』日本評論社
小塩隆士 [2012]『効率と公平を問う』日本評論社
加藤久和 [2011]『世代間格差』筑摩書房
金子宏 [2013]『租税法(第18版)』弘文堂
菊池馨実 [2000]『社会保障の法理念』有斐閣
菊池馨実 [2010]『社会保障法制の将来構想』有斐閣
厚生省年金局 [1999]『21世紀の年金を「構築」する(平成11年版年金白書)』社会保険研究所
厚生労働省 [2001]「女性のライフスタイルの変化等に対応した年金の在り方に関する検討会報告書」
厚生労働省年金局・日本年金機構「平成24年度の国民年金保険料の納付状況と今後の取組等について」
厚生労働省年金局数理課「厚生年金・国民年金平成16年財政再計算結果」
厚生労働省年金局数理課「平成21年財政検証結果レポート」
駒村康平 [2003]『年金はどうなる』岩波書店
駒村康平・菊池馨実編著 [2009]『希望の社会保障改革』旬報社
小山進次郎 [1959]『国民年金法の解説』時事通信社
社会経済生産性本部 [2005]『安心・信頼のできる年金制度改革をめざして』

主要参考文献

社会保険庁［1988］『社会保険庁二十五年史』
社会保障制度改革国民会議報告書［2013］「確かな社会保障を将来世代に伝えるための道筋」
鈴木亘［2009］『だまされないための年金・医療・介護入門』東洋経済新報社
鈴木亘［2010］『社会保障の「不都合な真実」』日本経済新聞出版社
鈴木亘［2012］『年金問題は解決できる！』日本経済新聞社出版
清家篤・府川哲夫編著［2005］『先進5か国の年金改革と日本』丸善プラネット
盛山和夫［2007］『年金問題の正しい考え方』中央公論新社
総務省［2007］「年金記録問題検証委員会報告書」
高山憲之［2000］『年金の教室』PHP研究所
高山憲之［2004］『信頼と安心の年金改革』東洋経済新報社
橘木俊詔［2005］『消費税15％による年金改革』東洋経済新報社
西沢和彦［2008］『年金制度は誰のものか』日本経済新聞出版社
西沢和彦［2011］『税と社会保障の抜本改革』日本経済新聞出版社
西沢和彦［2009］「『社会保障審議会年金部会における議論の中間的整理』における低年金・低所得者に対する年金給付見直し案の論点」年金と経済28巻3号21〜28頁
西村健一郎［2003］『社会保障法』有斐閣
西村淳［2013］『所得保障の法的構造』信山社
日本社会保障法学会編［2001］『講座社会保障法第1巻』『同第2巻』法律文化社
日本社会保障法学会編［2012］『新・講座社会保障法1』法律文化社
日本年金学会編［2006］『持続可能な公的年金・企業年金』ぎょうせい
日本年金機構「アニュアルレポート2012」
八田達夫・小口登良［1999］『年金改革論——積立方式へ移行せよ』日本経済新聞社
藤井威［2002］『スウェーデン・スペシャルⅠ』新評論
堀勝洋［2013］『年金保険法（第3版）』法律文化社

主要参考文献

堀勝洋［1997］『現代社会保障・社会福祉の基本問題』ミネルヴァ書房
堀勝洋［2009］『社会保障・社会福祉の原理・法・政策』ミネルヴァ書房
堀勝洋［2005］『年金の誤解』東洋経済新報社
堀勝洋［1997］『年金制度の再構築』東洋経済新報社
堀勝洋［2004］『社会保障法総論　第2版』東京大学出版会
堀勝洋・本沢巳代子・甘利公人・福田弥夫［2008］『離婚時の年金分割と法』日本加除出版
村上清［1998］『年金制度の選択』東洋経済新報社
村上清［1997］『年金制度の危機』東洋経済新報社
森戸英幸［2003］『企業年金の法と政策』有斐閣
矢野聡［2012］『日本公的年金政策史』ミネルヴァ書房
吉原健二編著［1987］『新年金法』全国社会保険協会連合会
吉原健二［2004］『わが国の公的年金制度』中央法規
渡邉芳樹［2013］『スーパーモデル・スウェーデン』法研

索 引

あ行

朝日新聞……………………… 139
アベノミクス…………………49
育児・介護休業法…………… 107
育児休業……………………… 107
育児休業期間………………… 154
移行方法……………………… 163
遺族年金の非課税…………… 118
遺族補償年金…………………97
一身専属………………………99
AIJ投資顧問 ………………… 134
エンゼルプラン……………… 106
応能負担………………………79
大阪地裁………………………97
大谷泰夫………………………87
岡田克也……………… 161,185
小沢一郎……………………… 184
恩　給…………………………68
恩給期間………………… 67,69
恩給制度………………… 67,68
恩給納金………………………69
オンライン化反対闘争……… 127

か行

会計検査院……………………14
解散命令……………………… 134
改正消費税法………………… 106
概念上の拠出建て…… 171,174,181
加給年金…………………… 72,73
学生納付特例制度……………… 6
確定給付企業年金………… 4,130,133
確定給付企業年金法………… 133

確定拠出年金………………… 130
確定拠出年金（企業型）……… 4
確定拠出年金（個人型）……… 4
課税最低限…………………… 117
課税最低ライン……………… 119
金子宏………………………… 190
カラ期間………………… 20,24
簡素な給付措置……………… 121
官民格差………………………65
消えた年金…………………… 123
既裁定年金…………… 39,43,65,171
基礎控除……………………… 116
基礎的消費支出……………… 144
基礎年金番号………… 125,128
基本ケース……………………42
基本ポートフォリオ……… 49,50
逆進性………………… 79,80,157
逆転現象……………… 192,197
級地区分……………………… 119
救　貧…………………………26
給与収入……………………… 178,181
給与所得控除………… 116,181
共　助………………………… 199
行政監察……………………… 126
共通番号……………………… 202
均等割………………………… 119
屈辱感（スティグマ）… 190,202
繰り上げ受給…………………52
繰り上げ受給制度……………20
グリーンピア………………… 110
繰り下げ受給…………………52
クローバック制度…… 162,198
クロヨン問題………… 149,158,202

索　引

経営移譲年金……………………69
経済協力開発機構（OECD）………52
経済同友会案………………… 139
権利性………………………… 190
牽連性………………………… 190
合意分割………………………81,100
高額療養費制度………………… 120
公共の福祉……………………69
合計特殊出生率……………41,47,105
口座振替………………………16
公　助………………………… 199
厚生年金基金………………4,130,132
公的年金制度に関する世論調査… 108
公的年金等控除………………… 115
後納制度………………………23
高齢者の就労意欲……………… 155
国民生活基礎調査……………… 117
国民年金基金…………………… 4
国立社会保障・人口問題研究所
　……………………… 41,43,55,105
個人勘定………………………… 174
個人単位………………………87,88,149
国会議員互助年金廃止法………69
子ども・子育て応援プラン……… 106
子ども・子育てビジョン………… 106
駒村康平………………………140,171
雇用均等基本調査……………… 109
雇用保険………………………17
雇用保険法……………………58
婚姻継続中の年金分割………… 104

さ 行

財産権…………………………69
最終納付率……………………11
財政検証……… 37,39,42,43,45,51,84,88
財政再計算…………………41,42,126

裁定時主義……………………… 126
最低生活保障…………………… 161
裁定請求………………………… 126
最低保障年金…… 142,143,170,177,200
歳入庁………………………… 177
差し押さえ……………………16
雑所得………………………… 115
産経新聞……………………… 139
3号分割………………… 81,100,182
産前産後期間…………………… 110
産前産後休業期間……………… 108,155
支給停止基準…………………… 155
事業所得……………………… 178,180
事業主負担……………………79,80,107
市町村………………………… 193
自治労国費評議会……………… 127
実質的購買力……………………39
私的年金………………………… 4
自動財政均衡メカニズム………… 175
社会保険業務センター…………… 126
社会保険料控除………………… 116,133
社会保障改革の「プログラム法」　121
社会保障国民会議 144,164,167,168,197
社会保障国民会議試算…………… 167
社会保障審議会年金部会
　………… 54,55,63,82,140,141,203
社会保障審議会年金部会・経済前提
　専門委員会……………………45
社会保障・税一体改革………… 59,142
社会保障・税一体改革成案… 114,198
社会保障・税一体改革大綱…… 121
社会保障制度改革国民会議 52,118,156
社会保障制度改革国民会議報告書
　………………………………55,121
社会保障制度審議会…………… 189
社会保障制度に関する勧告……… 189

索　引

就業規則	107,109	対価性	190,195
従前生活保障	161	代行部分	133
従前標準報酬月額みなし措置	107	代行返上	133,134
就労調整	114	代行割れ	134
受給権保護	131	大数の法則	189
受給資格期間	20,22,24,146,151	団塊世代	55
将来推計人口	41	段階保険料方式	33
職域加算	4,65,66	単身低所得高齢者等加算	142,149
女性と年金検討会	71,77,82,86,94,103,195	「単独型」基金	134
職権免除	194	地方公務員災害補償法	97
所得再分配機能	90	地方事務官	127
所得制限	191,201	中小企業退職金共済	131
所得代替率	16,39,42,43,45,88,89	賃金分割	77,79,98,103,181
所得比例年金	177	追加費用	67,68,198
所得捕捉	158	追納可能期間	152
所得割	119	積立方式	33,35,47,139,159,173,199
資力調査（ミーンズテスト）	202	定額部分	85
新エンゼルプラン	106	定額保険料	65,79
人事院規則	58	定率負担	80
申請主義	161	適格退職年金	4,130
申請免除	194	適用年齢の見直し	141,153
スライド調整率	37,39	特例水準	46,47
生存権	27		
世界銀行	159	**な 行**	
世代間の仕送り	160	内かん（内簡）	58
世帯単位	75,99	長妻昭	184
世帯分離	120	二重の負担	160
世帯類型	89	「二重の負担」問題	162,199
「総合型」基金	134	二分二乗	181
租　税	190	日本商工会議所	138
損　金	133	日本の将来推計人口	105
		年金改革に関する有識者調査	108
た 行		年金確保支援法	153
第1号改定者	102	年金機能強化法	7,23,59,60,96,108
第2号改定者	102	年金記録確認第三者委員会	124
		年金事務所	193

211

索　引

年金生活者支援給付金　25,142,150,194
年金制度をはじめとする社会保障制度
　改革に関する両院合同会議……184
年金積立金管理運用独立行政法人
　(GPIF)……………………………49
ねんきん特別便………………………123
ねんきんネット………………………123
年金目的消費税………………………185
年金目的税……………………………158
農業者年金………………………………69
農業所得…………………………178,180
納付可能期間……………………152,153

は 行

パートタイム労働者総合実態調査…57
配偶者控除……………………………116
非課税限度額…………………………119
ビスマルク……………………………189
非対価性………………………………191
非等価性………………………………191
130万円の壁……………………………76
被用者年金一元化法案……………63,65
標準報酬月額……………………………60
賦課方式……34,35,47,106,139,159,173
扶助原理………………………………190
「不正免除」問題………………………16
物価スライド………………………34,39

保険原理………………………………190
保険料軽減支援制度…142,146,152,154
保険料水準固定方式……………36,37,203
保険料納付要件……………………6,7,8
保険料納付率………………………10,11,193
補足性原理……………………………201

ま 行

マニフェスト……………149,176,185
宮島洋…………………………………169
民営化…………………………………159
無年金障害者…………………………158
モデル世帯……………38,42,71,83,98
モデル年金…………………………38,39,71

や 行

有限均衡方式……………………………37
吉原健二……………………………24,73
読売新聞…………………………139,143

ら 行

リーマン・ショック…………………175
労働経済学……………………………114

わ 行

渡辺芳樹…………………………………86

〈著者紹介〉

石崎　浩（いしざき　ひろし）
　　読売新聞東京本社編集委員
　　博士（法学）

神奈川県鎌倉市出身。早稲田大学政治経済学部卒業，読売新聞社入社。政治部などを経て現職。社会保障制度の解説を担当。中央大学大学院法学研究科後期博士課程を2011年に修了，学位取得。単著に「公的年金制度の再構築」（信山社），共著に「希望の社会保障改革」（駒村康平，菊池馨実編，旬報社）。日本社会保障法学会，日本年金学会，日本社会福祉学会会員。

〈現代選書25〉

年金改革の基礎知識

2014(平成26)年3月28日　第1版第1刷発行
3423-7：012-010-005-2800e

著　者　石　崎　　浩
発行者　今井 貴・稲葉文子
発行所　株式会社 信山社

〒113-0033 東京都文京区本郷6-2-9-102
Tel 03-3818-1019　Fax 03-3818-0344
笠間来栖支店 〒309-1625 茨城県笠間市来栖2345-1
Tel 0296-71-0215　Fax 0296-72-5410
笠間才木支店 〒309-1600 茨城県笠間市才木515-3
Tel 0296-71-9081　Fax 0296-71-9082
出版契約2014-6-3423-7-01011
©2014読売新聞社　Printed in Japan

印刷・東洋印刷／製本・渋谷文泉閣 p.224
ISBN978-4-7972-3423-7 C3332 ¥2800E 分類329-c004
3423-01011：012-010-005《禁無断複写》

JCOPY 〈(社)出版者著作権管理機構 委託出版物〉
本書の無断複写は著作権法上での例外を除き禁じられています。複写される場合は，そのつど事前に，(社)出版者著作権管理機構(電話03-3513-6969，FAX 03-3513-6979，e-mail: info@jcopy.or.jp)の許諾を得てください。

「現代選書」刊行にあたって

　物量に溢れる，豊かな時代を謳歌する私たちは，変革の時代にあって，自らの姿を客観的に捉えているだろうか。歴史上，私たちはどのような時代に生まれ，「現代」をいかに生きているのか，なぜ私たちは生きるのか。

　「尽く書を信ずれば書なきに如かず」という言葉があります。有史以来の偉大な発明の一つであろうインターネットを主軸に，急激に進むグローバル化の渦中で，溢れる情報の中に単なる形骸以上の価値を見出すため，皮肉なことに，私たちにはこれまでになく高い個々人の思考力・判断力が必要とされているのではないでしょうか。と同時に，他者や集団それぞれに，多様な価値を認め，共に歩んでいく姿勢が求められているのではないでしょうか。

　自然科学，人文科学，社会科学など，それぞれが多様な，それぞれの言説を持つ世界で，その総体をとらえようとすれば，情報の発する側，受け取る側に個人的，集団的な要素が媒介せざるを得ないのは自然なことでしょう。ただ，大切なことは，新しい問題に拙速に結論を出すのではなく，広い視野，高い視点と深い思考力や判断力を持って考えることではないでしょうか。

　本「現代選書」は，日本のみならず，世界のよりよい将来を探り寄せ，次世代の繁栄を支えていくための礎石となりたいと思います。複雑で混沌とした時代に，確かな学問的設計図を描く一助として，分野や世代の固陋にとらわれない，共通の知識の土壌を提供することを目的としています。読者の皆様が，共通の土壌の上で，深い考察をなし，高い教養を育み，確固たる価値を見い出されることを真に願っています。

　伝統と革新の両極が一つに止揚される瞬間，そして，それを追い求める営為。それこそが，「現代」に生きる人間性に由来する価値であり，本選書の意義でもあると考えています。

　　2008年12月5日　　　　　　　　　　　　　　信山社編集部

岩村正彦 編　丸山絵美子・倉田聡・嵩さやか・中野妙子
福祉サービス契約の法的研究

碓井光明 著
社会保障財政法精義

新田秀樹 著
国民健康保険の保険者

伊奈川秀和 著
フランス社会保障法の権利構造

石川恒夫・吉田克己・江口隆裕 編
高齢者介護と家族　民法と社会保障法の接点

松本勝明 著
ドイツ社会保障論　Ⅰ（医療保険）・Ⅱ（年金保険）・Ⅲ（介護保険）

田村和之 編集代表　編集委員：浅井春夫・奥野隆一・倉田賀世・小泉広子・近藤正春・古畑淳・吉田恒雄
保育六法（第3版）

神吉知郁子 著
最低賃金と最低生活保障の法規制

永野仁美 著
障害者の雇用と所得保障

最新刊

西村淳 著
所得保障の法的構造

徐婉寧 著
ストレス性疾患と労災救済

――― 信山社 ―――

公的年金制度の再構築

石崎 浩 著

岩村正彦・菊池馨実 責任編集
社会保障法研究 創刊第1号

荒木誠之	1	社会保障の形成期

● **第1部 社会保障法学の草創**

稲森公嘉	2	社会保障法理論研究史の一里塚
尾形 健	3	権利のための理念と実践
中野妙子	4	色あせない社会保障法の「青写真」
小西啓文	5	社会保険料拠出の意義と社会的調整の限界

● **第2部 社会保障法学の現在**

水島郁子	6	原理・規範的視点からみる社会保障法学の現在
菊池馨実	7	社会保障法学における社会保険研究の歩みと現状
丸谷浩介	8	生活保護法研究における解釈論と政策論

● **第3部 社会保障法学の未来**

太田匡彦	9	対象としての社会保障
岩村正彦	10	経済学と社会保障法学
秋元美世	11	社会保障法学と社会福祉学

岩村正彦・菊池馨実 責任編集
社会保障法研究 第2号

岩村正彦	1	社会保障の財政
高畠淳子	2	社会保険料免除の意義
柴田洋二郎	3	社会保障と税
新田秀樹	4	財政調整の根拠と法的性格
橋爪幸代	5	社会保障給付の一部負担をめぐる法的問題

〈研究座談会〉社会保障法研究の道程と展望―堀勝洋先生を囲んで―
堀 勝洋・岩村正彦・菊池馨実・島崎謙治・太田匡彦

信山社